생명과 문화의 뿌리 삼신

◉ 증산도상생문화총서 015

생명과 문화의 뿌리, 삼신三神

발행일 : 2011년 12월 22일 초판 발행
　　　　　2012년 1월 25일 2쇄 인쇄
　　　　　2016년 8월 31일 3쇄 인쇄
글쓴이 : 문계석
펴낸이 : 안경전
펴낸곳 : 상생출판
주소 : 대전광역시 중구 선화서로 29번길 36(선화동)
전화 : 070-8644-3156
팩스 : 0303-0799-1735
E-mail : sangsaengbooks@sangsaengbooks.co.kr
출판등록 : 2005년 3월 11일(제175호)
배본 대행처 / 대원출판

ISBN 978-89-94295-17-6
ISBN 978-89-957399-1-4(세트)

생명과 문화의 뿌리 **삼신**

문계석 지음

상생출판

들어가는 말

"온고이지신溫故而知新 가이위사의可以爲師矣"라는 명구가 있다. 이 명구는 '옛 것을 알고 새로운 것을 알면 가히 스승이 될 수 있다'는 뜻이다. 『논어論語』의 「위정편爲政篇」에 나오는 공자孔子의 말이다. 옛 것만 알고[溫故] 새로움을 모른다면 문화의 창조는 정체되거나, 화석화될 수 있다. 그런 문화는 그 진보나 성장이 없게 되기 마련이다. 반면에 새로운 것만 알고[知新] 옛 것을 모른다면 문화의 역사는 그 뿌리가 단절되어 주체가 없는 것으로 전락해버릴 수도 있다. 그런 까닭에 『논어』의 「선진편先進篇」에서는 "옛 것의 좋은 점을 받아들여 이를 바탕으로 새로운 일을 추진한다[一仍舊貫]"고 전한다. 이와 같은 맥락에서 조선의 유학자 연암燕巖 박지원朴趾源은 "옛 것에 토대土臺를 두되 그것을 변화시킬 줄 알고, 새 것을 만들어 가되 근본을 잃지 않아야 한다[法古創新]."는 말을 즐겨 썼다고 한다. 옛 것을 뿌리로 하여 새로움을 향한 지성의 노력은 문화창달의 근간이 된다는 얘기다.

그런데 우리의 현 주소는 어떤가? 우리들 대부분은 조상 대대로 한국 땅에 태어나 세대를 이어 오늘을 살고 있다. 그러하기에 어떤 이들은 자신 또한 한국인으로서 긍지를 갖고 살아왔다고들 생각할 것이다.

그러나 실질적으로 한민족의 정신은 뿌리부터 흔들려 급기야 그 정체성이 사라져가고 있는 형편이다. 심지어 한민족의 고유사상이 그 존망存亡의 위기에 처하게 됐다는 이야기도 심심찮게 들린다. 이러한 원인은 유구한 한민족의 정체성을 이끌어왔던 고유의 사상과 문화는 유교, 불교, 기독교 등의 온갖 외래사상에 의해 압도되어 근본이 흔들리게 된 것에서 찾을 수 있다. 이는 우리가 곧 뿌리 없는 정신으로 살고 있는 실정이 아니고 무엇이겠는가! 뿌리가 잘리면 그 생명은 죽어 흔적조차 사라져 버린다. 반면에 뿌리가 튼튼하면 생명의 줄기는 무성하게 성장하여 풍부한 결실을 거둘 수 있는 것이다.

이 땅에 살고 있는 우리가 진정한 주인이 되어 자긍심을 갖고 자랑스럽게 사는 길은 어디에 있을까? 그것은 자손만대로 이어지면서 그들에게 물려줄 수 있는 새 역사문화의 창달에 힘쓰는 일이다. 새 역사문화의 창달은, "법고창신"의 명구가 시사하듯, 한민족의 유구한 역사문화를 더듬어 그 뿌리를 찾아 근본을 제대로 인식하고, 그것을 토대로 하여 미래를 이끌어 갈 새 역사문화의 이정표를 바로 세우는 일에서부터 시작할 수 있다.

뿌리문화에 대한 혼을 되찾기 위해 우리는 무엇보다도 먼저 시원의 문화를 더듬어 봐야 한다. 그 중심에는 한민족의 진리의식에서 퇴색되어 버린지 오래된, 어쩌면 어린 시절에 할머니가 전해주는 옛날이야기에나 등장할 법한, 삼신三神 문화가 자리하고 있다. 앞으로 밝혀 보겠지만, 삼신은 만유생명의 뿌리요, 진리의 근원이다. 이를 토대로 형성된 삼신사상은 여러 방면에서 한민족의 생활문화와 회통하고 있기 때문에 한민족 정신의 바탕이 되고 있음을 보게 된다. 그래서 필자는 우리가 삼신에 대한 진리를 제대로 인식하게 된다면 이는 새로운 역사창조와 문화 창달의 골간이 되어줄 수 있다고 믿는다.

Ⅰ장에서 필자는 삼신의 존재를 정초해 보겠는데, 먼저 우주의 탄생이 원초적인 개벽開闢으로 등장하게 되었음을 소개한다. 여기에서 개벽의 근거는 바로 신神이며, 신에 대한 올바른 명칭이 바로 삼신三神임을 밝힌다. 삼신은 '각기 세분의 신'이라는 뜻이 아니라 조화造化, 교화敎化, 치화治化의 정신으로 작용하여 그 덕성을 온 천하에 드러내는 근원이 됨을 뜻한다. 삼신은 으뜸이 되는 신[元神]이라는 의미에서 본다면 천지만물의 창조와 변화를 짓는 대자연의 조물주라 할 수 있다. 반면에 삼신이 자체로 화현化現한 인격자가 실존하는데, 이는 삼신의 주권자로서 만유의 존재를 다스리는 주재자라 할 수 있다. 이와 같이 삼신은 근원적으로 창조

변화를 짓는 조물주와 모든 것을 관할하여 다스리는 주재자로 분석해볼 수 있는 것이다.

II장에서 필자는 삼신이 대자연의 직접적인 조물주임을 보다 구체적인 용례를 들어 밝혀본다. 천지간의 모든 것은 신이 들어가 작용을 해야만 탄생과 변화의 과정으로 진입하기 때문이다. 특히 자연적인 사물 안으로 들어온 신은 자연신自然神이 되지만, 인간의 몸으로 들어온 신은 인간의 본성으로 자리를 잡게 되며, 육신을 벗어난 후에는 인격신人格神이 되어 활동하게 됨을 밝혀본다. 이러한 의미에서 본다면 하늘과 땅에는 신의 활동으로 가득하며, 우주세계는 수많은 신[多神]들의 활무대라고 말할 수 있게 된다. 그런데 이들 중에는 지존무상至尊無上의 인격신이 실재한다. 이를 동방 한민족의 전통에서는 천지만물의 주재자 삼신상제라 호칭한다.

III장에서 필자는 삼신이 진리에 대한 인식의 근거가 됨을 밝혀보고자 한다. 진리에 대한 인식은 창조변화의 이법理法에 있다. 이법은 창조변화에 대한 문제를 정태적인 구조에서 파악하는 관점과 동태적인 구조에서 파악하는 것으로 구분해볼 수 있다. 전자의 경우는 존재론의 원리가 되고 후자의 경우는 현상론의 원리가 된다. 정태적인 구조의 관점에서 이법화된 삼신은 무극無極, 태극太極, 황극皇極의 삼극三極으로 정초定礎될 수 있고, 동태적인 구조의 관점에서 이법화된 삼신은 천도天道, 지도地道, 인도人道의 삼도三道로 이해할 수 있다. 삼극과 삼도의 원리는 모두 만유생명의 창조변화에 작용하는 삼신에 근거하는데, 필자는 이 점을 삼신의 정신이 이법화된 것이라고 보는 입장이다.

독특한 점은 삼신이 동북아 고대 국가의 출현과 통치체제의 이념으로 전화되었음을 파악할 수 있다는 것이다. 요컨대 삼신상제의 통치정신을 토대로 하여 열린 인류 창세기 국가인 환국, 인류 문명을 개척해 나가던 시기의 배달, 역사시대를 열기 시작한 고조선이 그 예이다.

IV장에서 필자는 삼신이 동방 한민족 정신문화의 뿌리이며, 생활문화의 근간이 되고 있음을 소개해 본다. 특히 삼신은 삼극과 삼도의 사상으로 정립되어 전통적인 인문학의 기조를 이루고 있으면서 생활문화 속으로 들어와 동방 한민족의 문화양식을 장식하고 있음을 보게 된다. 일련의 문화행사로 치뤄지는 의식과 유물 유적으로 표출되어 나타난 것들이 그것이다. 즉 동북아 한민족은 하늘에 제사를 올리는 단[天壇]을 설치하여 삼신상제와 국조삼신을 모시고 기리는 제천의식의 전통을 가지고 있었고, 또한 삼신이 생명을 잉태 및 출산케 한다는 믿음과 조상숭배의 신앙은 그들의 전통 속에 깊이 배어 있음을 보게 된다. 나아가 삼신상제의 사자임을 형상화한 삼족오 문양과, 삼신의 조화를 상징하는 삼태극 무늬로 장식된 유물 유적들은 삼신사상이 전화되어 나타난 문화양식의 표본들임을 알게 된다.

과거가 없는 현재란 없고, 현재가 없는 미래란 없다. 과거의 문화를 반추反芻하고 동시대의 문화를 비판적으로 통찰하여 미래의 문화창달을 위한 창의적 전진이 없는 한, 인류문화의 영광은 주어지지 않는다. 삼신은 만유생명의 창조와 문화의 뿌리이다. 우리가 맞이해야 할 미래의 문화창달은 바로 삼신사상을 근간으로 펼쳐나가야 할 것이다.

이 글의 목적은 우리의 무의식 안에 깊이 잠들어 있는 삼신사상의 진리를 드러내고, 전통 속에 살아 있는 그 정신을 일깨워 민족정신의 근간을 돈독히 세우는 데 있다. 그렇게 함으로써 이 땅에 살고 있는 동방 한민족이 문화의 정체성을 회복함은 물론이고, 미래의 통일적인 진리체계의 가능성이 제시되어 새로운 역사문화의 창달과 통일문화의 건립에 미력한 힘이 될 것으로 필자는 기대해 본다.

2011년 11월 늦가을

저자 문계석

내용

삼신 상제님께 천제를 올렸던 강화도 마리산의 참성단

一

삼신三神은 창조변화의 근거

Ⅰ. 삼신三神은 창조변화의 근거

절망의 순간에 우리는 자신도 모르게 "아이고, 하느님!"하고 본능적으로 절규하는 경우가 종종 있다. 본능이라 함은 글자 그대로 '본래부터 타고난 능력'을 뜻하지만 인간의 의식적 경계를 넘어서 있는 상태를 이르는 말이다. 그러하기에 여기에서 하느님은 원초적으로 볼 때 의식의 차원을 넘어선 무의식적 경계에서 부르는 말일 것이다.

의식의 경계에서 부르던 무의식의 경계에서 부르던, 하느님은 어떤 존재를 뜻하는 것일까? 그것은 표면적으로는 '하늘'을 존숭하여 부르는 데서 연유하였겠지만, 단순히 '푸른 창공의 천체[靑天]'와 같은 물리적인 하늘을 의미하는 것이 아니라 바로 인간의 삶과 죽음을 주관하고, 나아가 만유생명의 창조변화에 관계하는 근원의 신을 높여서 부르는 것으로 추측할 수 있다. 말하자면 하느님은 천지만물과 인간의 창조에 관여하면서 그 모든 변화와 질서를 주관하는, 으뜸이 되는 '최고의 신'을 존숭하여 부르는 이름이다.

동·서양의 문화권에서 최고의 신은 어떻게 표현되고 있었을까? 서양의 기독교문화권에서 볼 때, 최고의 신은 전지전능하고 의지적이며, 태초에 천지만물과 인간을 모두 '말씀'으로 창조한, 창조된 세계를 초월해 있는 '창조주Creator'이면서 인격적인 '아버지 하느님God Father'으로 표현되고 있다. 이슬람 문화권에서는 천지를 창조한, 전지전능하고 모든 것을 초월해 있는 절대적인 유일신, 즉 '알라Allah'로 기술되고 있다. 동양의 유교문화권에서는 하늘에서 으뜸이 되는 지고신至高神을 뜻하는데, 다른 말로 상제上帝라 호칭되고 있다. 창조주, 알라, 상제 등은 모두 최고의 신을 지칭하는 말인 셈이다.

동서고금東西古今을 통해서 볼 때, 진리의 근원을 탐구했던 사람은 '최고의 신은 무엇이고 어떻게 해서 존재하게 된 것일까, 무한한 우주세계의 창조변화와는 어떤 관계일까?'하는 물음들을 끊임없이 던져 왔다. 그것은 아마도 지성을 가진 인간이란 원래부터 근원을 따져 묻는 형이상학적 동물이기 때문일 것이다. 이러한 물음에 대한 탐구의 결과는 시대적인 상황에 따라 혹은 동서의 문화적 관점에 따라 다르게 표현되고 기술되었던 것이다.

필자는 이 장에서 동방 한민족 정서에는 신이 어떻게 등장하게 되었는가를 제시해 보고자 한다. 먼저 우주만물이 창조변화되는 근거가 신이어야 하고, 신의 원초적인 명칭은 바로 삼신임을 밝혀볼 것이다. 다음으로 삼신은 근원(본체本體)에 있어서는 하나이지만 실제로 역사役事할 때에는 셋(조화, 교화, 치화의 정신)으로 작용作用하게 된다는 삼신일체三神一體의 핵심 내용을 살펴볼 것이다. 그리고 삼신을 근원에서 볼 때 천지만물을 짓는 근원의 조물주 삼신과 이들을 관할하여 다스리는 주재자 삼신상제로 분석하여 논의해 볼 것이다.

1. 신의 원래 명칭은 삼신

옛날이나 지금이나 진리를 찾아 나서게 되면, 불현듯 자문하게 되는 물음이 있다. 그것은 '나'의 존재란 무엇인가, 나는 '왜', '어떻게 해서' 생겨나 존재하게 된 것일까 하는 물음들이다. 이런 물음들에 대한 전체적인 답을 구하기 위해 탐구의 방향을 자신의 존재 근원根源을 찾는 쪽으로 돌리기도 한다. 근원이 밝혀져야 현재 자신이 존재하는 까닭과 의의를 알수 있다고 믿기 때문이다. 예를 들면 나의 존재는 부모가 있었기 때문에, 부모는 조부모로부터 있었고, 조부모는 증조부로부터, 증조부는 고조부로부터 … 이렇게 근원을 찾아 올라가면 맨 처음[始原]의 조상이 있다. 시원의 조상이 나의 존재 근원이며, 그 분이 있기 때문에 현재의 내가 존재하는 까닭을 알게되듯이 말이다.

존재의 근원을 찾는 물음을 서양의 고대 철학자들은 "아르케arche"란 용어를 사용했다. 아르케는 글자적인 의미로 보면 '최초의 출발점'을 뜻하는 말이다. 학문의 의미에서 아르케를 찾는 작업은 본래적으로는 천지만물의 존재 근원을 밝히는 일이다. 존재의 근원을 찾아내야 비로소 이로부터 천지만물이 '왜' 존재하게 되고 '어떻게' 창조 변화되어 가는가의 까닭을 알 수 있다는 얘기다. 이와 같이 아르케를 밝히는 작업을 소위 형이상形而上學적 탐구라 불러 왔다.

동서고금을 통해 볼 때 형이상적 탐구는 오랜 전통을 갖고 있다. 그 전통에는 천지만물의 존재 근원은 바로 신神이라는 주장이 있는데, 신에 의한 천지창조가 바로 그것이다. 이 문제는 옛날부터 진리를 추구하는 인간의 정신을 사로잡아 온 주제이기도 했다. 요약하자면 하늘과 땅, 시간과 공간, 그 어느 것도 없었던 시점에 전지전능한 신이 선재先在했고, 그 분이 맨 처음 자신의 의지에 따라 우주만물을 창조하였다는 것이다. 마치 기독교의 「창세기」1장에서 무시무종의 시점에 모든 것을 초월해 있는 창조수 하느님이 있었고, 이분이 '말씀logos'으로 '빛이 있으라.' 하면 그것이 생겨나고, '하늘, 땅, 태양, 발, 별들이 있으라.' 하면 그것들이 창조되어 질서 있게 운행하며, '생명들이 있으라.' 하면 온갖 종류의 동식물이 존재하게 되었다고 하듯이 말이다. 신에 의한 이런 방식의 천지 창조론은 합리적인 인식을 본성으로 하는 인간이 받아들이기에

는 독단적인 측면이 강하다.[1]

서양 철학의 계보를 들춰볼 때, 천지창조론을 보완하여 보다 설득력이 있는 체계로 갖추어 놓은 이론이 등장한다. 그것은 신神이 천지만물을 초월해 있으면서 동시에 세계 안으로 들어와 활동한다는 전제로부터 출발하는 것이다. 이 체계에서는 신이 시간과 공간의 변화에 제약을 받지 않지만, 우주만물의 창조변화 과정이 곧 신의 역사라는 사실을 제시해 준다. 여기에 속한 이론은 유기체론을 바탕으로 하여 독창적인 형이상학을 전개한 화이트헤드A. N. Whitehead(1861~1947)의 사상이 대표적이다. 그는, "신이 세계를 창조한다고 말하는 것은 세계가 신을 창조한다고 말하는 것과 마찬가지로 참이다."[2]라고 함으로써, 세계 안에서 신의 창조활동을 제시했다.

문제는 존재근원에 대한 물음, 즉 신이 어떻게 등장하게 되었는가에 대한 사항이 관건이다. 천지만물의 창조 이전에는 시간과 공간조차도 없는, 말 그대로 아무 것도 없는 상태였을 것인데, 신은 어떻게 존재하게 됐으며, 어떤 의미에서 창조변화의 근원이 된다고 할 수 있는 것일까? 이 문제를 합리적으로

---

1 그래서 현대의 과학으로 무장된 일부 지성인들은, 도킨스(R. Dawkins, 1941 -)의 『만들어진 신*The God Delusion*』에서 밝혀지듯이, 기독교의 창조론을 대체로 무시하고 "자연선택natural selection"에 의한 진화의 과정으로 이해하려는 경향이 짙다.

2 A. Whitehead, 오영환 역, 『과정과 실재』, 598쪽

해명할 수 있는 하나의 방법은 기독교의 창조론이나 화이트헤드의 신론에 의존하지 않고 동방 한민족의 정서에 박혀 있는 개벽開闢론을 통한 혜안慧眼을 제시해 보는 것이다.

원시개벽으로 열린 우주

개벽이란 말은 일반적으로 '천개지벽天開地闢' 혹은 '개천벽지開天闢地'의 준말로 통용되고 있다. 이 말은 글자 그대로 풀이하면 '하늘과 땅의 열림'을 뜻한다. 열림이란 '출현出現'의 의미에 가깝다. 하늘과 땅이 처음으로 열렸다면 그것은 천지가 창조되었음을 함축한다. 달리 표현하자면 원시개벽은 최초의 '우주의 탄생'이 되는 셈이며, 그로 인해 우주만물이 창조변화하게 됐다는 얘기다.

원시개벽은 '어떻게' 일어나게 됐을까? 이와 관련된 문제를 진리문화의 원전 『甑山道 道典』[3]은 1장에서 압축하여 표현하고 있다. 필자는 이 성구의 내용을 분석하면서 신이 최초로 어떻게 출현하게 되었으며, 천지만물이 어떻게 신에 의해 창조변화하게 되었는가를 보다 근원적으로 살펴보도록 할 것이다.

"태시太始에 하늘과 땅이 '문득' 열리니라. 홀연히 열린 우주의 대광명 가운데 삼신이 계시니, 삼신三神은 곧 일신一神이요 우주의 조화성신造化聖神이니라.(『도전』 1:1:1-2)

---

3 『甑山道 道典』은 앞으로 『도전』으로 표기함

'태시'란 맨 처음 하늘과 땅[天地]이 열리는 시점을 표현한 말이다. 그렇다면 태시로 표현된 시점의 이전, 즉 시원개벽이 있기 전에는 무엇이 있었을까? 아마도 천지는 물론 시간과 공간, 그 어느 것도 없는, 굳이 이름을 붙여본다면 무無의 경계만이 있었다고 말할 수 있을 것이다. 무는 절대적으로 없는 '무 자체'를 의미하는 것이 아니라 그 무엇으로도 형체화 되어 있지 않은 상태를 말한다. 그 존재성은 '텅 비어있는 것 같지만 묘하게 있는 것[眞空妙有]'이라 할 수도 있고, 아무런 시작도 끝도 없는 듯한 '충만한 공空'에 비유될 수도 있을 것이다. 이것은 최초의 대전제가 된다.

동방 한민족의 도가 사서 『환단고기桓檀古記』[4]에 실려있는 《천부경天符經》은 태시 이전의 상태, 즉 최초의 전제를 "하나는 시작이나 무에서 비롯되는 하나"[5]라고 간명하게 표현하고 있다. 이는 만유의 모든 존재가 '하나인 무'에서 비롯됐음을 함축하고 있다. 반면에 『열자列子』의 「천서편天瑞編」 2장은

---

4 『환단고기桓檀古記』는 안경전安耕田 역주본을 참조했다. 『환단고기』는 계연수桂延壽가 안함로와 원동중이 지은 『삼성기三聖紀』, 이암이 지은 『단군세기檀君世紀』, 범장이 지은 『북부여기北夫餘紀』, 이맥이 지은 『태백일사太白逸史』를 한권으로 묶은 것이다. 현 학계의 일부 학자들은 『환단고기』가 '문화文化', '평등平等'과 같은 술어를 들면서 조작된 책이라고 치부하여 위서로 간주하기도 하지만, 필자는 이 책의 자구의 사용례에 얽매이지 않는다면 사료적 신빙성을 부정할 수는 없는 귀중한 사서로 본다.

5 안경전 역주, 『환단고기』, 456쪽 : "一始無始一"(『태백일사太白逸史』 「소도경전본훈蘇塗經典本訓」, 天符經)

태시 이전에 '태역太易'과 '태초太初'가 있음을 말하고 있다. 태역의 시점은 아무런 기도 없음을 의미하지만 태초에 이르러 비로소 기氣가 시작됐음을 뜻하고, 태시에 이르러야 비로소 형체가 나타난다고 표현한다.[6] 태역과 태초는 무의 상태를 두 시점으로 구분하여 기술한 것이라 볼 수 있다. 천부경의 표현으로 본다면 태역과 태초는 '무'와 '무에서 비롯된 하나'에 비유해볼 수 있다.

모든 것이 비롯되지만 시작이 없는 그런 무의 상태에서 태시에 하늘과 땅이 '문득' 열렸다. 천지의 열림은 바로 최초의 창조 사건이 발생했음을 의미하는데, 곧 시간과 공간의 문이 활짝 열려 만유의 창조변화가 시작하게 되었음을 함축한다. 이것을 우주사에서 처음으로 일어났던 원시개벽이라 해 보자.

원시개벽은 '왜' 일어났는가? 이에 대한 확실한 정의는 없다. 누군가가 시원개벽의 근거를 굳이 대라고 한다면, 우리는 다만 무의 경계가 스스로 '변화變化'되었고, 그럼으로써 '태시'란 시점에서 하늘과 땅이 처음 열리게 됐다고 말할 수 있을 뿐이다. 여기에서 '변화'란 '내변외화內變外化'의 준말이다. 변화의 의미를 확장하여 풀이해 본다면, 내변이란 무가 내적

---

6 태시太始와 관련하여『열자列子』「천서편天瑞編」2장二章에는 "故曰 有太易 有太初 有太始, 有太素, 太易者 未見氣也 太初者 氣之始也 太始者 形之始也 太素者 質之始也"라고 기록되어 있다. 여기에서 태시는 최초에 형체가 드러나는 시점을 나타내고 있음을 볼 수 있다.

인 수렴을 통해 응집하게 됨을 함축하고, 외화란 수렴된 무가 분열을 통해 전개됨을 함축한다. 한마디로 말해서 시원개벽의 근거는 곧 무의 내변을 통한 외화의 결과로 일어난 것이다. 이것은 더 이상의 원인을 요하지 않는 최초의 창조 사건의 시발이 된다.

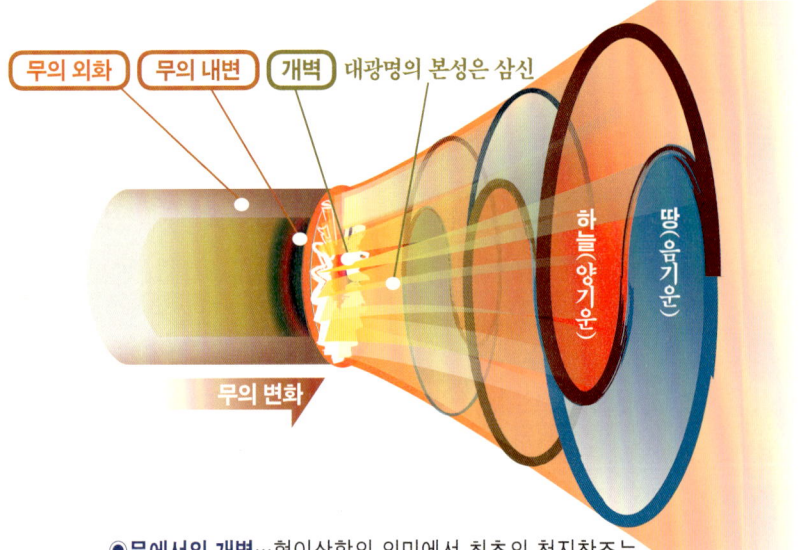

무의 외화　무의 내변　개벽　대광명의 본성은 삼신

하늘(양기운)　땅(음기운)

무의 변화

●**무에서의 개벽**…형이상학의 의미에서 최초의 천지창조는 무의 경계가 변화의 극점에 도달함과 동시에 개벽된 것으로 볼 수 있다.

무의 내변은 어떤 상태를 지칭하는가? 그것은 딱히 무엇으로 규정되는 것은 아니다. 하지만 정신적인 차원에서 말해본다면 원초적으로 모든 존재의 근원이 되는 하나의 신[一神]이라 표현할 수 있고, 물리적인 차원에서 본다면 장차 그것이 새로운 창조물로 전환될 수 있는, 허령虛靈하지만 전체이며 하나인 '일기一氣'쯤으로 기술해볼 수 있다. 물론 여기에서 일신과 일기는 논리적으로 그렇게 표현해본 것이지, 사실 서로 분리될 수 없는, 하나이면서 둘이고 둘이면서 하나인, 통일적인 양면이다. 비유가 적절하지는 않겠지만, 마치 사람의 경우에서 정신과 육체가 떨어질 수 없는 하나이면서 각기 둘이라고 하듯이 말이다. 이에 대하여 『태백일사太白逸史』는 "신은 곧 기이고, 기는 곧 허한 것이며 허한 것은 곧 하나이다."[7] 라고 기술하고 있다.

무의 내변을 현대의 물리학자들은 어떻게 기술하고 있을까? 현재의 표준적인 물리학에서 우주는 '무無에서 탄생했다'는 가설을 유지하고 있다. 무에서 우주가 탄생했다는 가설을 비렌킨A. Virenkin의 말을 빌어서 언급해 보자면, 태시에 무의 경계가 아무런 까닭이 없이 '급팽창Inflation'이 일어나 아기 우주의 탄생이 있었다는 것이다.[8] 무의 급팽창으로 이루어진 아기 우주의 탄생 순간은 대략 10^{34}초이나. 급팽창이 왜 일어났는지는 잘 알려져 있지 않고 있다. 다만 아기 우주의 탄생은 당시 공空으로 꽉 차 있는 원초적인 '그 무엇', 과학의 용어로 말해

7 안경전 역주, 『환단고기』, 472쪽 : "神卽氣也 氣卽虛也 虛卽一也"(『태백일사太白逸史』 「소도경전본훈蘇塗經典本訓」)

8 『Newton』(2010, 10월호), 24-37쪽 참조

서 '인플라톤Inflaton'에 의해 유발되었다고 한다.[9] 그것은 진공 에너지와 같은 것으로, 앞서 말한 무의 내변內變에 의한 것이다.

그럼 무의 외화는 어떤 상태를 지칭하는 것이고, 태시에 어떻게 해서 하늘과 땅이 열리게 된 것일까? 이에 대해 추론해 볼 수 있는 대안은 무(신)가 스스로를 관조觀照함으로써 발단이 됐다고 이해하는 것이다. 관조의 주체는 신이고, 자신을 비추어봄으로써 대상화된 결과가 하늘과 땅이 됐다는 얘기다. 적절한 비유는 아니겠지만, 이는 마치 우리의 정신이 스스로를 사유함으로써 사유된 대상이 산출되는 방식으로 그렇게 이해될 수 있다는 말이다. 즉 신이 스스로를 '문득' 관조하는 것은 내변의 의미이고, 그 외화를 통해 스스로 대상화되어 드러난 것은 시원개벽, 즉 바로 하늘과 땅이다. 신이 이렇게 자신을 대상화함으로써 스스로 자화된 사건은 개벽이라는 최초의 창조사건으로 규정해볼 수 있는 것이다.

하늘과 땅의 열림은 바로 신이 내변과 외화를 통해 객체화된 것이다. 천지의 열림과 동시에 출현한 것은 하나의 크고 밝은 빛이다. 대광명은 홀연히 열린 천지를 둘러쌈으로써 드러난 것이다. 대광명의 정체는 무엇인가? 그것은 한마디로 말해서 절대 순수의 참 빛, 원초적인 영적광명이다. 즉 신이 내변

---

9 이러한 입장은 『시간의 역사』에서 '양자론적으로 가장 확률이 높은 우주 진화과정'을 수학적으로 밝힌 호킹(S. W. Hawking)의 견해와 일치한다.

을 통해 외화로 전이轉移되면서 그 결과 하늘과 땅이 출현하게 되었고, 동시에 영적 대광명이 천지를 감싸게 되었던 것이다. 이 사건을『도전』은 "태시太始에 하늘과 땅이 문득 열리니라. 홀연히 열린 대광명 가운데 …"라고 압축하여 기술하고 있다. 이에 대해서『태백일사太白逸史』에는 "맨 처음 위아래 사방에는 암흑조차 없는 시간성 속에 오직 밝은 빛뿐이었다."[10]고 기록되어 있다.

신의 외화로 빚어진 영적 대광명을 현대 물리학의 입장에서는 어떻게 표현해볼 수 있을까? 무에서의 급팽창으로 탄생한 아기 우주는 곧 바로 "빅뱅Big Bang"으로 이어졌다. 빅뱅은 바로 물리적인 창조의 빛 자체이다. 즉 아기 우주는 급기야 창조의 빛인 초고온의 작열상태로 전환된 것이다. 이는 무에서의 급팽창 직후 10^{-27} 후에 일어난 사건이다. 급팽창과 빅뱅이 일어나기까지의 순간이 바로 신의 외화이다. 이 순간을『도전』에서는 '홀연히'이란 용어로 표현하고 있는데, 물리학적으로 말해서 대략 10^{-34}~10^{-27}초 사이의 순간이다. 이후에 빅뱅이 일어났던 것이다.

신의 외화로 인해 빚어진 개벽은 절대 순수의 영적 대광명을 동반한다. 물리적으로 말해 본다면 빅뱅으로 인한 창조의

---

10 안경전 역주,『환단고기』, 287쪽 : "大始 上下四方 曾未見暗黑 古往今來 只一光明矣"(『태백일사太白逸史』「삼신오제본기三神五帝本紀」).

빛이 탄생하게 된 것이다. 그래서 우주의 대광명은 모든 창조 변화의 발원지가 되는 "영원한 생명과 빛의 본원"[11]으로 기술될 수 있는 것이다.

문제는 빅뱅으로 인한 물리적인 광명의 정체가 무엇인가 이다. 최첨단 우주의 탄생 시나리오를 전하는 표준적인 물리학에 따르면, 물리적인 우주의 대광명은 급팽창한 아기 우주가 물질의 근원이 되는 다양한 소립자로 전환되는 과정, 구체적으로 말해서 물질의 근원이 되는 쿼크나 반쿼크, 전자, 양성자, 중성자로 전환되는 순간에 발생한 것이다. 즉 급팽창을 일으킨 진공 에너지(인플라톤)가 소립자의 탄생과 운동 에너지로 모습을 바꾸는 모습이 바로 물리적인 대광명으로 드러났다는 것이다. 그래서 빅뱅은 곧 우주의 탄생이자 시·공의 출현이며, 곧 원초적인 물질의 탄생이라고 이해해볼 수 있을 것이다. 이 순간은 대략적으로 10^{-27}에서 1초 사이에 일어난 사건이다.

그러므로 원초적인 창조의 사건으로 시원개벽과 동시에 발생한 우주의 대광명은 창조주 하느님이 "빛이 있으라"해서 생겨난 것이 아니다. 물리학적인 용어로 요약하자면 무에서 탄생한 진공에너지(인플라톤)가 천지만물의 구성요소들로 전환되면서 발생한 것이라 볼 수 있다. 형이상학의 의미에서 말해본다면, 신성한 무가 수렴과 응집을 뜻하는 내변을 거쳐 분열

---

11 안경전, 『개벽 실제상황』, 243쪽

과 창조를 뜻하는 외화를 통해 하늘과 땅이 처음 열렸고, 동시에 천지를 감싸고 있는 절대 순수의 영적인 빛이 원초적으로 드러나게 된 것이다.

천지의 열림으로 인해 바로 우주만유의 존재가 전역에서 창조변화의 과정으로 돌입하게 되었는데, 그것은 하늘과 땅이 부분적이고 유한有限하게 열린 것이 아니라 전체적이고 무한하게 열렸음을 뜻한다. 이에 대하여 『도전』은 "'천지가 간방艮方으로부터 시작되었다.' 하나 그것은 그릇된 말이요, 24방위에서 한꺼번에 이루어진 것이니라."(『도전』 6:83)고 압축하고 있다. 달리 말하면 시원개벽의 순간을 기점으로 하여 신에 의한 인간 및 만유생명의 장구한 창조변화의 역사가 우주 전역에 펼쳐지게 되었고, 오늘까지 이르게 된 것이다.

일신은 삼신三神

천지개벽은 무가 스스로 자화함으로써 열린 최초의 창조사건이다. 창조된 천지는 곧 영적인 대광명으로 둘러싸이게 되었다. 영적인 대광명은 바로 하늘과 땅 전체를 감싸고 있는데, 그 중심에는 신이 자리하고 있다. 전체를 포괄하고 있는 신에 대하여 『증산도 도전』은 "홀연히 열린 우주의 대광명 가운데 삼신이 계시니 삼신은 일신이요 우주의 조화성신이니라."고 기술하고 있다.

신은 '하나의 신[一神]'이요 '삼신三神'이며 '조화성신造化聖神'으로 표현되고 있는데, 각각은 어떤 의미에서 그렇게 말해지는 것인가? 신을 일신一神으로 말한 것은 전체를 감싸고 있는 신성을 지칭한다. 이것은 근원적인 본체의 측면에서 보니까 전체적인 하나가 된다는 의미이다. 신을 삼신으로 말한 것은 신이 각기 셋으로 존재한다는 뜻이 아니라, 현실적인 작용의 측면에서 보니까 개별적인 세 영역으로 용사用事한다는 의미이다. 신을 조화성신으로 말한 것은 천지의 어디에나 신이 침투해 들어가 작용함으로써 모든 창조변화를 짓는 근원이 됨을 강조하기 위해서이다.

신은 유형적인 것이든 무형적인 것이든 만유의 존재가 나오는 근원이라는 의미에서 보면 전체이며 하나의 본체이지만, 그 작용의 중심에서 본다면 삼신이다. 문제는 전체이며 하나인 신이 왜 셋으로 작용하는가 이다. 그것은 신이 스스로 창조변화의 섭리로 펼쳐질 때에는 반드시 각기 셋으로 기능하기 때문이다. 우리는 신을 전체의 바탕에서 보면 하나의 본체이

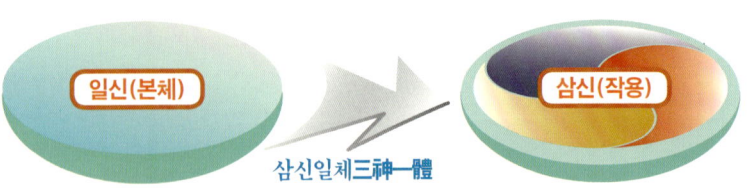

일신(본체)   삼신(작용)

삼신일체三神一體

●**삼신일체의 논리**…만유의 생명은 삼신과 한 몸이 되어 창조 변화하게 된다.

지만 그 작용의 측면에서 보면 삼신이라는 의미에서 삼신일체
三神一體의 논리를 이끌어낼 수 있다.

삼신일체의 논리를 어떻게 하면 쉽게 이해할 수 있을까? 꼭
맞는 것은 아니지만, 비근한 예를 들어보자. 인간의 신체는 하
나의 전체인데, 머리, 몸통, 팔다리로 구분하고, 작용으로 드
러나는 머리 부분의 기능, 몸통 부분의 기능, 팔다리 부분의
기능을 분리하여 이해하는 방식이든가, 아니면 인간의 영혼
은 하나의 전체인데, 그 작용으로 펼쳐지는 이성의 기능, 기개
의 기능, 욕망의 기능으로 각기 이해하는 것이다. 삼신일체의
논리는 동북아 한민족의 최초의 경전이라 불리는《천부경天符
經》의 표현으로 보면 "하나는 시작이나 무에서 비롯된 하나이
다. 세 극으로 나뉜다 하더라도 그 근본은 다함이 없다[一始無
始一 析三極無盡本]"고 한 것과 맥을 같은 이치이다.

한민족 정신의 잠재의식 속에는 옛날부터 본체에 있어서는
'하나'이지만 작용으로 드러날 때에는 '셋'으로 펼쳐진다는
사고를 깔고 있었고, 그것을 3수 법칙으로 간주하여 인식했던
것으로 보인다. 그래서였을까? 동방 한민족의 경전이라 할 수
있는《삼일신고三一神誥》에는 '하나는 즉 셋(一卽三)'이라는 논
리가 핵심사상으로 등장하고 있다. "셋은 하나를 본체로 삼고
하나는 셋을 그 작용으로 삼는다[三一其體 一三其用]"[12]는 논리가

12 안경전 역주,『환단고기』, 450쪽 : 『태백일사太白逸史』「소도경전본훈

그것이다. 여기에서 하나는 본체本體의 의미에서 말하는 것이고, 셋은 본체가 실제로 작용作用으로 드러남의 의미에서 말한 것이다. 하나와 셋은 체體와 용用의 관계이다. 한마디로 말해서 삼신일체는 체용體用의 논리로 파악된 것이다.

삼신일체를 체용의 논리로 이해할 때, 하나의 본체가 없는 셋으로의 작용은 근거가 없는 것이고, 셋으로의 작용이 없는 하나의 본체는 공허하다고 말할 수 있다. 이것을 존재와 인식의 관계로 풀이해 보자면, 삼신의 본체는 그 작용으로 말미암아 인식이 되고, 삼신의 작용은 본체를 근거로 하여 존재하게 되는 것이다. "하나인 즉 셋이요 셋인 즉 하나[卽一卽三 卽三卽一]"라는 법칙이나 "하나를 잡으면 셋을 포함하고, 셋이 모여 하나로 돌아간다[執一含三 會三歸一]"[13]는 3수 법칙은 삼신일체의 논리에 근거를 두고서 나온 법칙이 되는 셈이다.

결과적으로 말해서 천지만물의 창조변화는 전체이며 하나인 신으로부터 비롯되는데, 그 중심에는 삼신이 자리하고 있고, 이것이 각기 세 영역으로 작용하여 펼쳐진다. '일신 즉 삼신'이란 말의 핵심이 그것이다. 즉 삼신의 본체가 세 측면으로 작용하여 천지만물의 창조변화를 끊임없이 지어내는 것이

_____

蘇塗經典本訓」참조

13 위의 책, 460쪽 : "盖以執一含三 會三歸一之義爲本領"(『태백일사太白逸史』「소도경전본훈蘇塗經典本訓」)

다. 그래서 삼신은 하나로 통하면서 우주만물의 창조변화를 일으키는 원뿌리요, 근원이 된다고 말할 수 있는 것이다. 이것이 바로 신은 왜 삼신이라고 말해야 하는가의 직접적인 이유이고, 이러한 맥락에서 신에 대한 실제적인 명칭[正名]은 삼신으로 불려야 마땅할 것이다.

2. 삼신일체 하느님의 의미

지구촌에는 지역이나 민족, 문화적 특성에 따라 다양한 신앙관이 상존하고 있다. 역사적으로 볼때 신앙관의 차이로 말미암아 숱한 불협화음이 발생했다는 것은 주지의 사실이다. 문제의 해결은 믿음의 대상이 우월한 신이든 저급한 신이든 그런 것과는 상관이 없이 신앙의 다원성을 서로 인정한다는 사실에 있다. 그렇지 않을 경우 자신이 믿는 하느님이 최고의 신이라는 믿음만을 고집하게 되며, 곧 서로의 이념적 갈등으로 번지면서 급기야 투쟁으로 이어지게 된다. 과거에나 현재에나 종교전쟁이 그칠 날이 없는 것은 그러한 사례가 된다고 본다.

신앙의 다원성을 서로 인정하면서 하나로 통합할 수 있는 최선의 방책은 무엇일까? 여러 방면의 대안을 고려해볼 수 있겠지만 그 중 하나는 근원의 신을 찾아 그에 대한 객관적이고 체계적인 인식을 공유하는 일이다. 근원의 신을 파악하기 위해서 우리는 만유생명의 창조와 질서의 근원을 찾아 원인에

원인을 소급해 올라가볼 수 있다. 그러면 결국 우리는 '더 이상이 없는[無上]' 최초의 아르케, 모든 것의 존재 근원에 봉착하게 될 것이다. 이것을 근원의 하느님이라 하자.

근원의 하느님은 어디에서 찾아야 할까? 그것은 앞서 분석한 시원개벽의 근거로서 규명한 '일신 즉 삼신'에서 찾아져야 할 것이다. 삼신일체 하느님이 바로 그것이다. 이제 삼신일체 하느님의 본성은 무엇으로 정의해볼 수 있고, 그 본성의 존재 방식은 어떻게 규정해볼 수 있는가, 그리고 동방 한민족의 정서에는 그것이 어떻게 적용되어 전개되었는가를 밝히는 것이 중요하다.

삼신의 본성

삼신은 근원에 있어서는 하나의 신[一神]이다. 하지만 우주만물의 전체에 깃들어 있어서 그것이 창조변화에 실제로 용사[用事]할 때에는 세 가지 공능으로 오묘하게 작용하여 자신의 자취를 드러낸다. 이것이 '삼신 즉 일신'의 핵심 의미이며, 곧 삼신일체三神一體 논리의 틀이 된다. 여기에서 '삼신'은 각기 세 영역의 손길로 작용하는 신을 뜻하고, '일체'는 삼신의 본체가 '전체인 하나'라는 의미를 나타낸다.

그럼 세 가지 손길로 작용하는 삼신의 본성은 구체적으로 어떻게 정의해볼 수 있을까? 『태백일사太白逸史』의 기록에 의

거하면, 그것은 조화造化, 교화敎化, 치화治化[14]의 정신으로 구분해볼 수 있다. 이 세 가지 정신은 천지만물이 창조변화되는 모든 관점을 포섭할 수 있고 통섭通攝될 수 있는 근거가 된다.

먼저 조화의 정신은 무엇을 의미하는가? '조화'란 '균형이 잡힌 화합[調和]'의 의미가 아니라 글자 그대로 '창조創造'와 '변화變化'를 일으키는 정신이다. 창조는 새로움 짓는 정신이요 변화는 내적인 수렴과 외적인 분열을 짓는 정신이다. 창조의 정신은 존재의 정보체계 혹은 존재의 설계도를 담지하여 새로움을 짓는데 작용하고, 변화의 정신은 그러한 존재의 정보나 설계도를 씨앗에 응축하여 분열을 준비하는 데에 작용한다. 그래서 조화의 정신은 존재의 출현 및 한정성과 규정성의

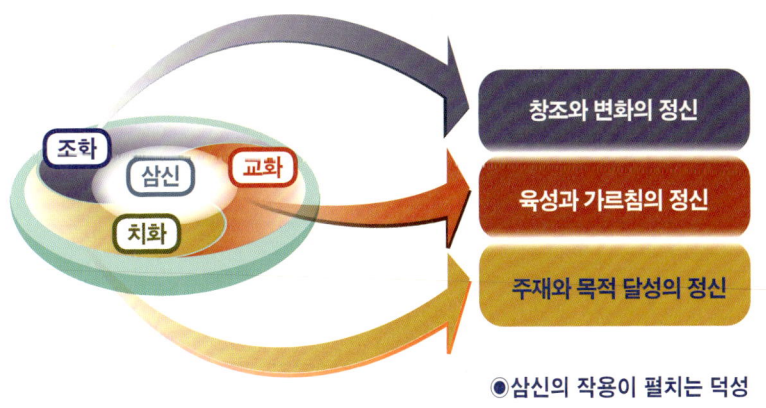

조화
삼신
교화
치화

창조와 변화의 정신

육성과 가르침의 정신

주재와 목적 달성의 정신

●삼신의 작용이 펼치는 덕성

---

14 위의 책, 472쪽.

원리가 되는 것이다. 그렇기 때문에 '사람'은 사람으로 생겨나 그렇게 규정되고 한정되어 존재하게 되는 것이다. 특히 유기체의 경우에서 조화의 정신은 개별적인 본성을 규정하는 주체가 되며, 외부적으로는 새로운 정보를 받아들이고 내적으로는 새로움을 창출하기도 한다. 이런 의미에서 본다면 조화의 정신은 곧 유기체들이 스스로 진화進化의 과정으로 돌입할 수 있는 근거로 규정될 수 있을 것이다.

조화의 정신은 만유의 존재에 대한 정보나 설계도를 새롭게 창조하거나 맡아 유지하기도 하며, 형질을 변화시키는 주체가 된다. 그렇기 때문에 우주세계에는 새로운 것들이 끊임없이 창조되고 있고, 종의 보존이 유지되거나 그 진화가 이루어지는 것이다. 예컨대 지구상에는 조화의 창조 정신에 따라 하루에도 동·식물과 같은 수백 종의 유기체가 새롭게 창조되고 있다. 특히 정보의 유지에 따라 무기물과 같은 바위나 돌, 금속이나 화학약품은 물론이고, 사람은 사람을 낳고 사람으로 성장하게 되고, 개는 개를 낳아 개로 성장하게 되며, 장미를 심으면 장미가 나오게 되며, 형질 변화에 따라 종의 진화가 이루어지는 까닭이 바로 조화의 정신에 있다. 한마디로 말해서 조화의 정신은 창조변화의 주체가 되며, 존재의 규정성과 한정성의 원리이다.

교화의 정신은 무엇인가? 교화란 글자 그대로 말하면 가르치고[敎] 육성 변화시키는[化] 정신이다. 교화의 정신은 바로 조화의 정신이 현실적인 모습으로 드러나도록 하고, 영적인 깨달음이 깃들게 하는 가르침의 근원이 되는 것이다. 그래서 교화의 정신은 조건만 조성되면 개별적인 창조와 변화의 정보 체계를 현실화 한다. 즉 정보가 담겨있는 씨앗을 발아시켜 정상적으로 안전하게 구현하도록 성장을 촉진하고, 외부로부터 들어오는 새로운 정보를 수용하여 자신을 깨우쳐 보다 합리적으로 성숙할 수 있도록 한다. 이런 의미에서 볼 때, 생명의 창조변화를 육성하는 교화의 작용이 있기 때문에, 온갖 종류의 생명체는 우주에 충만한 원기를 끌어들여 제각기 신체적인 발육과 정신적인 성장의 과정으로 진입할 수 있게 된다고 말할 수 있다.

교화의 정신은 우주 안에 존재하는 모든 것에 대해 성장과 영적인 깨달음을 도모한다. 그래서 우주세계에는 교화의 정신에 의해 무수한 것들이 현실적인 모습으로 서로 다르게 존재하게 되는 것이다. 나아가 생명이 없는 무기물의 경우에서 보다는 살아 있는 식물, 하등동물, 고등동물의 순으로 올라갈수록 각기 내재된 교화의 정신이 더 활발하게 작용하고, 깨달음과 가르침에 대한 성숙도가 보다 충실하게 진행된다. 그것은 깨달음을 통한 새로운 정보의 교환이 많아지기 때문이다. 이로부터 고등 동물은 그에 따른 점진적인 진화의 과정이 빠

르게 진행될 수 있게 된다. 특히 인간의 경우에서 교화의 정신은 다른 생명체에 비해 더 왕성하고 복잡하게 작용하기 때문에, 인간은 육체의 성장과 더불어 가르침에 따른 깨달음을 왕성하게 수용할 수 있으며, 그에 따라 지혜의 축적과 도덕적인 생명으로 성장해갈 수 있는 근거가 마련된다.

치화의 정신은 무엇인가? 치화는 주재하여 다스리고[治] 질서 있는 변화[化]를 통해 목적으로 이끌어 감을 뜻한다. 그래서 치화의 정신은 창조변화의 정보체계와 생장과 깨달음의 정신을 조율하여 개별적인 존재를 성숙으로 이끌어 가는 주재성과 합목적성의 근거가 되는 것이다. 주재성은 존재질서의 유지와 목적 달성에 있다. 이로부터 개별적으로 창조되는 생명은 내부적으로는 존재정보와 성장의 질서에 따라 순차적으로 생육되고, 영적인 깨달음으로 전진해 가면서 외부적으로는 다른 것들과의 교감을 통해 서로 간에 다툼이 없도록 조율하여 자신의 창조의 목적에 이르도록 나아가는 것이다. 치화의 정신이 있기 때문에, 탄생하여 성장하는 생명체는 파멸로 진행되어 가는 것이 아니라 질서를 조성하여 보다 좋은 상태의 결실을 맺도록 점진적인 진화로 향하게 된다.

치화의 정신은 우주 안에 존재하는 개별적인 생명체의 존재질서와 전체적인 질서를 유지하여 통일적인 목적을 달성하도록 유도한다. 만일 창조변화되는 천지만물이 주재를 통한 질서유지와 더불어 목적 달성을 촉진하는 치화의 정신이 없다면, 자연의 모든 개별적인 생명은 균형이 잡힌 성장과 창조목적에 이를 수 없을 뿐만 아니라 탄생→성장→수렴→새로운 탄생을 위한 준비의 과정으로 순환하는 지속성은 유지될 수가 없게 된다. 특히 고도의 의식 활동으로 살아가는 인간의 경우는 다른 생명체들에 비해 치화의 정신이 활발하게 작용하기 때문에 주재성과 합목적성의 의식이 탁월하게 드러난다. 그러므로 목적론적인 차원에서 볼 때 영적인 깨달음으로 성숙한 인간은 삼신의 정신을 충만하게 두루 품부 받아 활동하므로 다른 생명체에 비해 조직적이고 의도적으로 활동하는 만물의 영장이 되는 것이다.

삼신일체 하느님의 존재방식(창조주 하느님과 주재자 하느님)

지구촌에 수많은 종류의 풀과 나무, 다양한 종류의 동물과 인간들, 심지어 병원체와 같은 미생물들이 존재한다. 본성상 앎을 추구하는 우리의 사유는 이 모든 것들이 어떻게 해서 현재와 같이 존재하게 되었을까 하고 의문을 던져보게 된다면, 이 문제를 해결할 수 있는 하나의 길은 이것들이 각기 존재하게 되는 연원을 추적해 가보는 것이다. 이것들이 존재하게 되는 원인에 원인을 따라가 보면 결국 최초의 존재 근원에 도달하게 된다. 이것은 바로 삼신이다. 달리 표현하면 천지만물의 아르케(최초의 근원)가 삼신하느님이라는 얘기다. 이에 대한 주장은 『태백일사太白逸史』에서도 확인할 수 있다. "무릇 삼신은 영구한 생명의 근본이다. 그러므로 사람과 만물은 다 같이 삼신에서 출원하였고, 삼신으로써 한 근원의 조상으로 삼는다고 말한다."[15]고 기록한 것이 그것이다.

천지간에 존재하는 모든 것들의 창조변화는 삼신일체하느님으로부터 연유한다. 삼신일체하느님은 본체에 있어서는 하나의 전체이지만, 작용에 있어서는 각기 조화, 교화, 치화의 정신으로 용사用事하는 근원의 신을 뜻한다. 이와 같은 삼신일체 하느님의 존재방식은 어떻게 정의해 볼 수 있을까? 그것

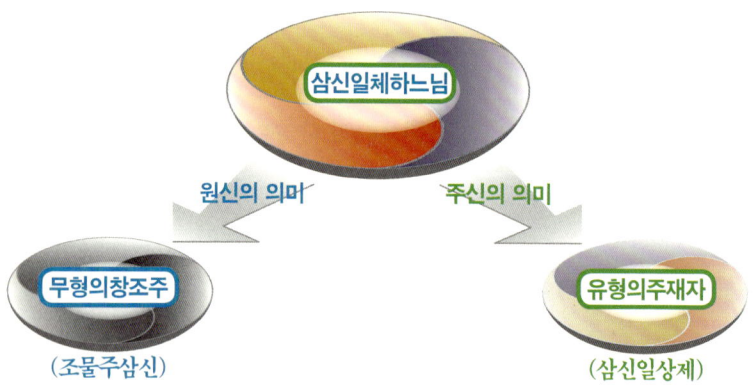

● **삼신일체 하느님의 존재방식** … 동방 한민족의 정서에서 볼 때 삼신일체 하느님은 무형의 조물주와 유형의 주재자로 분석된다.

---

15 위의 책, 302쪽 : "夫 三神者 永久 生命之根本也. 故 曰人物 同出於三神 以 三神爲一源之祖也"(『태백일사太白逸史』「삼신오제본기三神五帝本紀」).

은 창조와 질서라는 두 관점에서 구분하여 정의해볼 수 있다. 천지간의 온갖 것을 짓는 조물성造物性과 이들을 주관하는 주재성主宰性이 그것이다. 조물성이란 천지간에 가득 찬 기운을 구체적인 것으로 구현한다는 의미이고, 주재성이란 존재하는 것들을 관할하여 다스린다는 의미에 가깝다. 달리 표현하자면 전자의 경우는 천지만물의 창조변화가 나오는 원신元神의 의미에서 파악하는 것이고, 후자의 경우는 실제적인 현상現象으로 드러난 주신主神의 의미에서 파악하는 것이다.

원신이라 함은 근원의 신이라는 뜻이다. 이는 일정한 형체로 존재하지는 않으나 천지간에 가득 차 있는 조화성신造化聖神의 의미와 같다. 주신은 무형의 원신이 일정한 형체로 구현되어 형상화된 유형의 인격신을 뜻한다. 유형화된 인격신은 상호 교감을 통해 일정한 영역을 실제로 관장한다는 의미에서 주재성을 본성으로 한다. 삼신일체하느님을 창조와 질서, 즉 조물성과 주재성이라는 두 관점에서 파악한 사례는 동북아 한민족의 도가 사서인 『태백일사太白逸史』에서 그 흔적을 찾아볼 수 있다. "하늘의 궁전은 광명이 모이는 곳이고 온갖 조화가 나오는 곳이니, 하늘의 한 신은 그[천궁] 허함(삼신을 관통하고 있는 공)을 몸으로 삼아 거기에서 주재를 한다."[16]라고 표현한 것

---

16 위의 책, 464쪽 : "天之宮 卽爲光明之會 萬化所出 天之一神 能體其虛而乃
其主宰也."(『태백일사太白逸史』「소도경전본훈蘇塗經典本訓」)

이 그것이다.

조물성을 본성으로 하는 원신과 주재성을 본성으로 하는 삼신일체하느님을 동북아 한민족 전통의 문화의식에 뿌리내린 언어로 정의해 본다면, 원신의 의미에서는 천지만물을 짓는 조물주造物主 하느님으로, 주신의 의미에서는 창조된 것들을 실제로 조화하여 관할하는 최고의 주재자主宰者 하느님으로 일컬어 오기도 했다. 한마디로 말해서 "천지만물을 낳은 무형의 조물주 하나님(삼신)"이 있다면 그 짝으로 "만물을 다스리시는 유형의 실제적인 조화주 하나님(상제님)"이 있다는 뜻이다.[17] 여기에서 조화주 하느님은 우주 전체의 질서와 인간사의 화복을 두루 살펴서 관장하고 있는 주재자 하느님의 다른 표현이다.

그러므로 삼신일체하느님의 존재방식은 두 측면으로 인식할 수 있다. 하나는 만유의 생명을 낳는 조물주 하느님으로, 다른 하나는 창조된 것들을 관할하여 다스리는 주재자 하느님이 그것이다. 이러한 의미에서 새문화의 원전인 『도전』은 "삼신께서 천지만물을 낳으시니라. 이 삼신과 하나 되어 천상의 호천금궐昊天金闕에서 온 우주를 다스리시는 하느님을 동방의 땅에 살아온 조선의 백성들은 아득한 예로부터 삼신상제三神上帝, 삼신하느님, 상제님이라 불러왔나니, 상제는 온 우주

17 안경전, 『개벽 실제상황』, 241쪽

의 주재자요 통치자 하느님이라"(『도전』 1:1:2-5)는 진리를 천명하고 있다.

먼저 조물주 하느님은 유형의 것이든 무형의 것이든 만유의 존재가 나오는 근원이 된다. 이는 조물주 하느님이 조화, 교화, 치화의 정신을 바탕으로 하여 만유의 생명을 '낳는다.'는 얘기와 같다. 여기에서 '창조한다.'는 말 대신에 '낳는다.'는 술어가 등장하는데, 이는 어떤 의미이고 어떻게 만물을 낳는 근원이 되는 것일까?

앞서 무의 경계가 내변과 외화를 통해 스스로를 관조함으로 이어지고, 관조의 결과는 곧 객체화된 천지가 열리게 되었음을 살펴본 바 있다. 천지의 개벽은 신이 스스로 창조에 용사한 최초의 사건이다. 여기에서 천지는 음양의 창조기운을 상징하며, 천지음양의 조화로 인해 만물이 구체적인 모습으로 생성 변화하게 됨을 함축한다. 그런데 여기에는 반드시 조물주 삼신의 작용이 전제된다. 왜냐하면 조물주 삼신은 원신의 의미에서 천지간의 어디에나 침투해 들어가 있고, 그 작용으로 인해 창조변화가 일어나기 때문이다. 그렇기 때문에 조물주 하느님이 천지만물을 '낳는다'는 뜻은 무로부터 어떤 것을 의도적으로 '창조한다'는 의미가 아니라 오히려 천지음양기운에 침투해서 이를 토대로 '새로움을 창조적으로 구현한다'는 의미에 가깝다. 이런 의미에서 보면 조물주 하느님이 음양기운을 동원하여 자신의 정신을 '구체화 한다'는 뜻으로 파악해볼 수 있는 것이다. 적절한 비유는 아니지만, 마치 나무, 돌, 시멘트, 철판 등의 자료를 동원하여 인간이 '집'이라는 새로운 형태를 구현하듯이 말이다.

그러므로 지구상에 새로운 종種이 끊임없이 탄생하는 사례의 경우나, 사람이 실제로 그와 닮은 후손을 낳듯이 동일한 종이 반복적으로 탄생하는 경우 등은 작용의 근원에서 본다면 모두가 천지음양기운에 조물주 삼신이 침투해 들어가 작용하여 구체적인 모습으로 드러난 것에 지나지 않는다. 이러한 의미에서 본다면 천지만물은 모두 조물주 하느님의 조화造化에 의한 것이라고 말할 수 있게 된다.

다음의 주재자 하느님은 생성 변화하는 만유의 존재가 전체적으로 질서를 유지하면서 창조의 목적에 이를 수 있도록 이끌어가는 근거가 된다. 즉 주재자 하느님은 조물주 삼신의 권능, 다시 말하면 조화, 교화, 치화의 정신을 임의대로 온전하게 사용함으로써 다스리는 실제적인 주권자이다. 이런 의미에서 본다면 주재자 하느님은 창조변화되는 만유의 존재를 실제로 통치한다고 말할 수 있게 된다.

이와 같이 삼신일체하느님은 논리적으로 말해서 창조성을 본성으로 하는 원신과 주재성을 본성으로 하는 주신의 이중적 관계로 분석되는데, 이러한 분석은 양을 전제하지 않는 음이 없고 음을 전제하지 않는 양이 없는 것과 같은 이치이다. 원신의 의미에서 말하는 조물주 하느님은 인간을 포함하여 천지만물을 짓는 창조신이고, 주신의 의미에서 말하는 주재자 하느님은 이들을 전체적으로 관할하여 다스리는 무상無上의 주재자가 된다.

그러므로 삼신일체 하느님은 창조신관과 주재신관을 통합할 수 있는 근거가 됨을 추론해볼 수 있다. 즉 조물주 하느님이 실존하기 때문에 이를 근원으로 하여 천지만물은 끊임없는 창조 변화의 과정으로 진입하게 되고, 반면에 천지만물을 다스리는 인격적인 주재자 하느님이 실존하기 때문에 이에 근거하여 우주 전체가 유기적인 질서에 따라 창조 변화해 가면서 합목적성을 지향하게 된다는 것이다. 이러한 의미에서 우리는 삼신일체 하느님을 조물주 하느님으로만 말해서도 안되고, 이 모든 것들을 관할하여 다스리는 주재자 하느님으로만 말해서도 안된다는 것을 주장할 수 있다.

삼신일체 하느님의 의미 적용

동양이든 서양이든 인도이든 간에 고대 문화의 근원을 찾아 추적해 들어가다 보면, 천지만물은 모두가 신령神靈함이 깃들어 있다는 사상이 그 중심에 깔려 있음을 알게 된다. 서양의 고대 그리스 문화의 지표가 되었던 신화적 세계관, 중앙아

시아 및 동북아 지역에 널리 퍼져 있는 정령신앙, 인도의 만신萬神 사상 등이 대표적이다. 고대인들은 천지만물에는 모두 신이 깃들어 있으며, 신이 만유의 창조변화에 직접적으로 관여하고, 심지어 인간사에 끼어들어 생사를 주관하거나 화복禍福을 가져다주는 존재라고 믿어왔던 것이다.

일찍부터 동북아 지역에 터를 잡고 정착생활을 하게 된 고대 한민족은 신이 어떻게 존재한다고 믿고 있었을까? 먼저 일정한 지역에 정착해 살면서 농경문화를 일구었던 그들에게 가장 중요한 것은 무엇이었을까를 알아보아야 한다. 그들은 무엇보다도 새 생명의 탄생과 풍요한 결실 및 인간의 안녕을 가장 바라는 바였을 것이다. 그것들은 어디에서 오는 것이라고 여겨졌을까? 그들은 아마도 위로는 하늘[天]이 내려주는 생명을, 아래로는 땅[地]에서 베풀어 주는 풍요를, 그리고 자신들의 삶을 지켜주는 조상이나 보호자를 가장 존귀한 것으로 믿기 시작했을 것이다. 즉 그들은 만유생명의 탄생과 변화를 짓는 위대한 존재로 하늘의 오묘함을 경외敬畏하기 시작했고, 하늘이 내려주는 만유의 생명이 대지의 품에서 생육되는데, 화육化育의 덕德을 아낌없이 베풀어 자신들에게 풍요를 가져다주는 그러한 땅을 숭상하게 되었다. 나아가 그들은 자신들의 삶을 보호해 주고 안녕으로 이끌어 주는 조상신이나 집단의 탁월한 지도자[人]를 신성한 존재로 모시기 시작했던 것이다.

태고 시대부터 동북아 한민족은 가장 중요한 종교행사로 치러지는 제사祭祀 문화를 형성해 왔다. 생명의 창조를 내려주는 하늘의 신, 풍요를 가져다주는 땅의 신, 자신들의 생사화복과 안녕을 관장하는 조상신 내지는 신적 존재인 무인巫人은 절대적인 존재로 숭배되면서 그들 삶의 중심문화에 자리를 잡았던 것이다. 여기에 뿌리를 두고서 나온 천신天神, 지신地神, 인신人神, 즉 삼신을 숭배하는 사상이 형성된 것이다.[18]

천신, 지신, 인신을 숭배하는 사상은 그 근원에서 보면 삼신일체 하느님에 뿌리를 두고 있다. 천지만물에 대한 창조변화의 덕성으로 펼쳐지는 조화의 신은 전체적인 하나의 하늘[天一]에, 육성과 가르침의 덕성으로 베푸는 교화의 신은 전체적인 하나의 땅[地一]에, 만유의 생명을 온전하게 하기위한 주재와 통치의 덕성으로 펼치는 치화의 정신은 전체적인 하나의 인간[太一]에 배합되었던 것이다. 여기로부터 천일의 신은 하늘로, 지일의 신은 땅으로, 인일(태일太一)의 신은 인간의 모습으로 구체화 됐다고 말할 수 있게 된다. 이와 관련하여 신교문화의 원형을 잘 정리한 『태백일사太白逸史』는 "삼신은 곧 천일·지일·태일의 신들이니 한 뿌리의 기운이 스스로 능히 움직임을 이루어 조화·교화·치화의 신이 된다."[19]고 기록하고 있다.

18 이중운, "한국사상사 개요", 243쪽 참조
19 안경전 역주, 『환단고기』, 472쪽 : "三神 乃天一地一太一之神也 一氣之自

천일의 신은 하늘의 주신으로 창조변화의 정신인 조화를 주장主掌한다. 지일의 신은 땅의 주신으로 육성과 가르침의 정신인 교화를 주장하며, 태일의 신은 인간의 주신으로 주재와 다스림의 정신인 치화를 주장한다. 여기에서 '주장'이란 뜻은 '주체가 되어 일을 크게 다룬다'는 뜻이다. 어떤 의미에서 하늘은 조화를 주장하는 천일의 신으로, 땅은 교화를 주장하는 지일의 신으로, 인간은 치화를 주장하는 태일太一의 신으로 표현되었던 것일까?

무한한 하늘은 형질도 없고 시방[十方]으로 펼쳐진 허공 같지

●하늘, 땅, 인간으로 현현한 삼신하느님

能動作 而爲造敎治三化之神"(『태백일사太白逸史』「소도경전본훈蘇塗經典本訓」)

만, 거기에는 없는 것이 없고 어디든지 들어가 하지 못할 것이 없는, 무궁한 조화의 원천이다. 즉 하늘은 천지에 온갖 것의 창조변화의 씨를 뿌리는 근원적인 조화의 주신이 되는 것이다. 이를 창조성의 경계에서 통찰하여 보면 수적으로 하나의 천신[天一神]으로 말할 수 있다. 천일의 신은 조화의 신이 중심이 되어 하늘로 형상화된 것이다. 그래서 천일의 신을 인격적 존재의 언어로 표현하면 만유생명의 조화주造化主요, 아버지 하느님이라 부를 수 있는 것이다.

광활한 땅은 무질서하게 펼쳐진 생명이 없는 대지 같지만, 거기에는 하늘에서 만유생명의 씨앗으로 내놓은 것은 무엇이든지 온전히 화육하고 제대로 성장하도록 가르침을 도모하는 원천이다. 즉 땅은 천지만물이 형질을 이루도록 육성을 주장하는 근원적인 주신이 되는 것이다. 이를 육성의 경계에서 보면 수적으로 하나의 지신[地一神]으로 말할 수 있다. 그래서 지일의 신을 인격적 존재의 언어로 표현하면 만유생명의 조화주인 아버지 하느님에 대응해서 교화주教化主요, 어머니 하느님이라 부를 수 있는 것이다.

그런데 인간과 관련해서는 하나의 인신[人一神]이라 하지 않고 태일신太一神이라 고 말한다. 그 까닭은 어디에 근거하는 것일까?

"하늘과 땅이 있은 뒤에 만물이 생겨난다."[20] 이 말은 인간

---

20 『주역周易』「서괘序卦 상上」: 여기에 대하여 반대의 입장도 있다. 즉 만물

을 포함하여 만유생명을 창조주 하느님이 독자적으로 창조한 것이 아니라 하늘과 땅의 현묘한 조화로 출현함을 뜻한다. 그런데 천지만물 중에서 가장 귀중하고 영험한 존재는 무엇일까? 그것은 다름 아닌 인간이다. 이에 대하여 증산상제는 "형어천지形於天地하여 생인生人하나니 만물지중萬物之中에 유인唯人이 최귀야最貴也니라. 하늘과 땅이 형상하여 사람이 생겨났나니 만물 가운데 오직 사람이 가장 존귀하니라."(『도전』 2:23:2)고 하였다.

천지만물 중에서 인간이 가장 존귀한 존재가 되는 까닭은 "오직 사람만이 천지만물의 영"[21] 이 되기 때문이다. 하늘과 땅이 조화하여 만유생명을 낳아 기른 목적은 인간을 위해서이고, 영적으로 성숙한 인간을 낳아 기르는 것이야 말로 바로 하늘과 땅의 존재 이유라는 것이다. 그래서 하늘과 땅이 형상하여 낳고 기른 인간을 '인일人一'이라 하지 않고 태일太一이라 한 것이다. 태일신은 천지보다 더 위대하고 존귀한 영적인 사람을 가리키는 것이다. 이를 주재의 측면에서 본다면 태일신이 바로 천지만물을 주장하는 근원적인 주신이 되는 것이다. 그래서 태일신을 인격적 존재의 언어로 표현하면 만유생명의

은 저절로 생겨난다는 '自生說'이다. 대표적으로 方立天을 들 수 있다. 『中國古代哲學問題發展史』(北京:中華書局, 1990), 이기훈·황지원 옮김, 『문제로 보는 중국 철학-우주·본체의 문제』, 61쪽 참조

21 "惟人萬物之靈", (『서경書經』 「주서周書」 "태서泰誓"편)

치화주治化主요, 달리 말하여 인존 하느님이라 부르는 것이다.

요약하자면 삼신은 현상적인 측면에서 말해본다면, 조화를 주장하는 천일신, 교화를 주장하는 지일신, 치화를 주장하는 태일신으로 불려질 수 있다. 만유생명의 창조근원이 되는 천일신이 구체적인 형상화로 드러난 모습은 하늘이요, 육성과 가르침의 근원이 되는 지일신이 현상의 모습으로 드러난 것은 땅이며, 만유생명의 주재와 궁극목적의 근원이 되는 태일신이 실존적인 모습으로 드러난 것은 인간이다. 그러므로 삼신일체의 논리에서 보면, 삼신이 자화하여 구체적인 모습으로 드러낸 하늘, 땅, 인간은 본체에서 보면 모두 하나의 신이다. 즉 하늘에도, 땅에도, 인간에게도 삼신의 창조변화의 정수精髓가 고스란히 내재되어 있다는 얘기다.

그래서 동북아 지역에 널리 퍼져 있던 고대 문화의 중심을 심층적으로 파헤쳐 올라가 보면, 한민족의 정신에는 조화의 신이 하늘[天]로, 교화의 신이 땅[地]으로, 치화의 신이 인간[人]으로 자화하여 현신한 모습으로 믿어왔다는 사상이 근저에 깔려 있다. 즉 그들은 하늘도 하느님이요, 땅도 하느님이요, 인간도 하느님으로 여기고, 하늘의 중심에는 삼신 상제님이, 땅의 중심에는 어머니 하느님이, 인간의 중심에는 조상의 하느님이 실재한다고 믿어왔던 것이다. 이에 근거해서 신교의 맥을 계승한 동북아 지역의 한민족은 하늘, 땅, 인간의 조상을

하느님으로 숭배하는 전통과 제사의식을 남겼고, 이를 오래
동안 정신과 생활문화의 유산으로 지켜왔던 것이다.

●삼신 상제님께 천제를 올렸던 대한제국의 원구단

二

하늘·땅·인간세계는 삼신의 활동무대

II. 하늘, 땅, 인간세계는 삼신의 활동무대

자연세계는 관점에 따라 두 측면으로 말해볼 수 있다. 우리가 감각의 눈으로 보는 물리적인 세계와 마음의 눈으로 보는 영靈의 세계, 즉 신의 세계가 그것이다. 물리적인 세계와 신의 세계는 어떤 관계인가? 동양철학에서 자주 사용되는 언어로 표현해 보자면 물리적인 세계와 신의 세계는 음양陰陽의 관계와 같다. 우리가 손을 바라볼 때, 한 쪽은 손바닥이고 다른한 쪽은 손등이 되는데, 눈에 보이는 손바닥이 물리적인 영역이라고 한다면 눈에 보이지 않는 손등은 신의 영역이다. 물리적인 세계의 뒷면이 바로 신의 모습이요, 반대로 신의 세계의다른 면이 물리적인 모습인 셈이다. 탤보트Michael Talbot의 말을빌려보면[22], 물리적인 세계는 양의 측면으로 "드러난 질서"이고, 신의 세계는 음의 측면으로 "감추어진 질서"로 표현할 수있다.

대자연에서 일어나는 창조변화를 영적인 눈으로 본다면 그것은 바로 조물주 삼신의 활동이요 그 모습이라고 말할 수 있

[22] Michael Talbot, 이균형 옮김, 『홀로그램 우주』, 75쪽 참조

다. 그렇게 활동하는 신을 총칭하여 모두 자연신이라 부를 수 있겠다. 여기에는 일정한 영역을 맡아 관할하는 주신主神이 있는데, 주신은 영적으로 보다 성숙한 인격신으로 구성된다. 인격신은 특히 사람으로 태어나 살다가 죽은 신을 일컫는다. 사람과 같이 정욕을 가지며, 감정표현을 할 수 있고, 영적 교감을 통해 주재 능력을 가진 신은 곧 인격신이라 할 수 있는 것이다. 천지간에는 여러 분야에서 활동하는 자연신과 인격신이 가득하다고 말할 수 있고, 이로부터 우주 전체는 곧 신의 활동무대라고 말할 수 있게 되는 것이다.

인격신들 중에는 도격道格과 신위神位에 있어서 으뜸이 되는 지존무상의 신이 실재한다. 이분은 특히 삼신의 본체 자리와 일체가 되어 실재實在하는 분으로 신권과 도권을 자유자재로 행사한다고 말할 수 있겠다. 천상의 지존의 자리에서 자연신과 인격신을 모두 관할하여 우주만유를 주재하는 최고의 하느님이 바로 그분이다. 동방 한민족의 정서로 표현하자면, 지존무상의 인격신은 바로 우주의 주재자 상제이다.

1. 만유생명의 창조주는 조물주 삼신

우주세계는 시간의 흐름과 공간의 질서에 따라 수많은 종류의 것들이 생성되고 변화되어가는 장場이다. 해와 달, 성신星辰들은 물론이고, 자연계에서 일어나는 모든 것들도 정지함이 없이 창조변화의 과정에 있는 것들이다. 산과 들, 바위와 모래, 땅 속이나 물속에 사는 동식물과 같은 거시세계의 것들, 사람의 시야를 벗어나 있는 미생물, 생명을 위협하는 바이러스, 공중에 떠다니는 먼지, 물질의 기본 단위가 되는 소립자와 같은 미시세계의 것들이 그렇다. 형상을 가진 물질적인 것이든 그렇지 않은 정신적인 것이든 자연세계를 구성하는 것은 무엇이든지 모두 끊임없는 탄생과 소멸을 거듭하면서 변화해 가고 있다는 것은 일반적으로 알려진 사실이다. 서양 고대의 철학자 헤라클레이토스Heracleitos의 표현을 빌리자면 "만물은 유전한다panta rhei."는 뜻이 그것이다.

만유의 존재가 창조되고 잠시의 정지도 없이 유전流轉하는 까닭은 어디에 있는가? 그것은 근원적으로 신의 소관이라 본다. 그 까닭은 앞서 조물주 삼신이 '천지만물을 낳는다'고 정의한 것에서 그 실마리를 찾아볼 수 있을 것이다. 달리 말하자면 현실세계의 창조변화란 모두 신이 작용하는 과정에서 잠시의 모습으로 드러난 현상에 지나지 않는다. 역으로 신의 작용이 없으면 스스로 창조변화되는 것은 아무 것도 없다는 뜻이다. 그래서 전통적인 형이상학을 유기체 철학으로 체계화한 화이트헤드는 "신이 세계를 창조한다고 말하는 것은 세계가 신을 창조한다고 말하는 것과 마찬가지로 참이다."[23]라고 결

---

23 A. Whitehead, 오영환 옮김,『과정과 실재』, 597-598쪽 참조

론을 내렸던 것이다.

신은 자연의 조물주라는 뜻

작용의 근원으로 보면 삼신은 만유의 생명을 짓는 창조변화의 주체가 되고, 현실적인 만유의 존재는 바로 신이 객체화되어 드러난 모습이라 볼 수 있다. 창조 변화를 '스스로' 짓는다는 의미에서 자연세계의 조물주는 바로 삼신이라고 할 수 있는 것이다.

그런데 오늘날 유물론적인 세계관으로 무장되어 있는 사람들은 물론이고 대부분의 경우는 신이 자연의 창조주임을 부정하려는 경향이 있다. 그들은 자연의 창조변화를 말함에 있어서 그 근원을 이법(理法=법칙)으로만 취급하려는 경향이 있다는 얘기다. 구체적인 예를 들어 설명하면 사람이 탄생하고, 천둥이 치며, 바닷물이 들어오고 나가거나, 꽃이 피고 지는 등, 세계 안에서 일어나는 모든 자연현상은 단순히 자연의 이법에 따라 그렇게 전개된다는 것이다.

여기에는 해명되어야 할 두 가지 문제가 도사리고 있다. 하나는 자연의 이법이 어떻게 해서 나온 것인가 하는 것이고, 다른 하나는 이법을 실현하는 주체, 즉 자연현상이 실제로 나타나도록 하는 원인이 무엇인가 하는 것이다.

만유의 창조변화를 말함에 있어서 자연의 이법만으로는 필요조건은 될지언정 충분조건은 될 수 없다. 왜냐하면 자연의 이법이란 자체로 창조되거나 스스로 작동하는 것이 아니기 때문이다.[24] 근원의 의미에서 본다면 창조변화에 작용하는 신의 자취가 규칙적으로 드러난 것이 법칙이고, 우리는 이 법칙을 통해서 자연을 인식한다고 말할 수 있다. 그래서 창조변화의 충분조건은 이법의 실현 근거를 요하는 것이다.

이 문제를 해결하기 위한 방안으로 진리의 원전인 『도전』의 내용을 분석하면서 풀어보자.

> "천지간에 가득 찬 것이 신神이니 풀잎 하나라도 신이 떠나면 마르고 흙 바른 벽이라도 신이 떠나면 무너지고, 손톱 밑에 가시 하나 드는 것도 신이 들어서 되느니라. 신이 없는 곳이 없고, 신이 하지 않는 일이 없느니라."(『도전』 4:62:2-4)

흙벽돌은 물론이고 흙 바른 벽이나 풀잎 하나라도 신이 들어가야 구체적인 존재성을 갖게 된다. 신이 떠나게 된다면 결국 풀잎이나 흙벽의 존재는 유명무실하게 된다. 나아가 우리의 손톱 밑이 가시에 찔리는 것이나 길을 가다가 돌부리에 걸려 넘어지는 것도, 마른 장작에 불이 붙어 타는 것이나 물이

---

24 이러한 이유 때문에 한국 유학사에서는 거창한 논쟁이 벌어진 예가 있다. 운동변화의 근원은 기氣에 있다는 주기론자 기대승과 기과 이理에 있다(理氣互發說)고 주장한 주리론자 이황, 그리고 이를의 이론을 종합하여 "氣發理乘一途說"을 주장한 이이李珥가 대표적이다.

얼어 고체가 되는 것도 신이 들어가 작용함으로써 그렇게 되는 것이다. 현상의 모든 변화가 신에 의해 일어난다는 것은 모든 변화이법 또한 신에 근원하고 있음을 함축한다.

자연에 대한 창조변화의 이법은 어떻게 해서 신에 근원한다고 말할 수 있는 것일까? 앞서 신은 조화, 교화, 치화의 정신으로 작용함을 분석해 보았다. 여기에서 조화의 정신은 내부적으로는 존재 가능한 모든 것을, 외부적으로는 변화 가능한 모든 것을 개념적인 파악으로 작용한다. '개념적 파악'이란 신의 순수한 정신적 작용이라 말할 수 있겠는데, 한마디로 말해서 창조변화의 이법에 대한 파악이다. 화이트헤드의 용어를 빌려 표현하면 "원초적 본성primordial nature"으로서의 신이 "영원한 객체eternal object"를 개념적으로 파악하여 새로움을 위한 존재와 변화의 이법을 창조하는 것쯤으로 볼 수 있다.

지성으로 파악되는 창조변화의 이법성과 감각으로 파악되는 물질적인 관계의 측면에서 보자면, 교화의 정신은 조화의 정신이 파악한 창조변화의 이법을 구체적으로 실현하는 것으로 작용한다고 말할 수 있을 것이다. 즉 외부적으로는 영적 교감을 통해 실현 가능한 천지음양 기운을 끌어들이고 내부적으로는 창조변화의 이법을 순서대로 구체화하는 것으로 작용한다. 만유 생명이 현실적인 생장변화의 과정으로 돌입하게 되는 것은 바로 교화의 정신이 작용하기 때문이다. 교화신의 매개 작용은 바로 창조변화의 이법과 천지음양 기운의 관계를 통해 이루어지는 것이라고 할 수 있다. 화이트헤드의 용어를 빌려 표현해 보자면, "결과적 본성consequental nature"으로서의 신이 "합생"을 통해 "현실적 존재actual entity"와 관계하는 것인데, "정신적인 극mental pole"으로는 영원한 객체(창조변화의 이법)을 담지하고 "물리적인 극physical pole"으로는 "창조성creativity"에 관계하여 양자를 매개하는 것이 교화의 정신이라고 볼 수 있다는 것이다.

치화의 정신은 생성되는 만유의 존재가 창조의 목적에 이를 수 있도록 이끌어 가는 것으로 작용한다. 즉 내부적으로는 창조변화의 이법과 음양 기운의 합생合生을 균형 있게 조절하여 창조의 목적에 이르도록 작용하고, 외부적으로는 다른 것들과의 교감을 통해 질서를 유지하여 최선最善에 이를 수 있도록 작용한다. 천지자연이 합목적을 유지하고, 새로운 재창조의 과정으로 순환하는 까닭은 바로 치화의 정신이 작용하기 때문이라고 할 수 있다.

여기로부터 우리는 창조변화의 문제를 보다 합리적이고 체계적으로 인식하는 기본적인 틀, 즉 창조변화의 '이법(理)', 이를 실현하는 '신(神)', 구체적인 현실로 드러나는 '사실(事)'이라는 원리를 정립해볼 수 있을 것이다. 한마디로 말해서 신은 창조변화의 주체가 되어 천지간에 가득 찬 음양의 원기를 끌어들임으로써 스스로 파악한 창조변화의 이법을 구체적인 현상의 모습으로 드러내도록 하는 근원이 되는 것이다.

　'이理 - 신神 - 사事'의 틀을 보다 선명하게 이해하기 위해서 삼신의 작용을 인간 정신의 작용으로 간주하고, 인간이 인위적으로 책장을 창조하는 과정을 예로 들어보

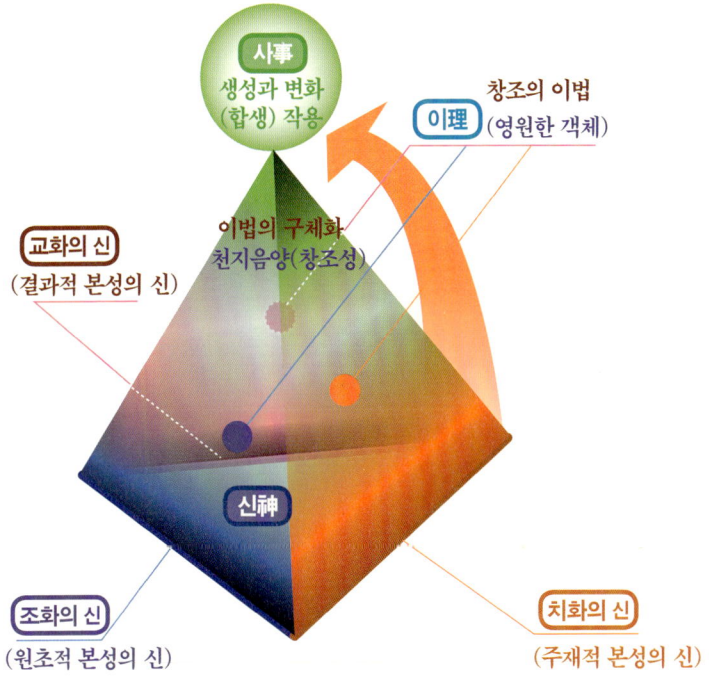

●이理 - 신神 - 사事의 원리… 화이트헤드는 천지만물이 창조변화되도록 하는 세 가지 형성적 요소, 즉 "창조성", "영원한 객체", "신"을 말한다. 여기에서 창조성은 천지음양의 기氣, 영원한 객체는 신이 창조한 실현 가능한 이법, 이법과 창조성이 신과 한몸이 되어 구체화되는 사실로 설명할 수 있다.

자. 인간의 정신은 먼저 앞으로 창조할 '그 무엇'을 사유를 통해 개념적으로 파악하고 형상화의 과정(책장의 존재이법을 창조)으로 돌입한다. 이는 조화의 정신이 작용함으로써 진행되는 것과 유사하다. 다음으로 정신 안에 있는 형상화된 것(책장의 존재이법)을 제작에 적합한 외부의 물질적인 자료들을 동원하여 구체화 한다. 이는 교화의 정신이 이법을 현실화하는 과정으로 비유할 수 있다. 마지막으로 책장이 구현되는 과정에서 치화의 정신은 자료들이 이법대로 잘 짜여질 수 있도록 유도하고, 그 목적에 이를 수 있도록 전체적으로 주재하여 최종적으로 책장을 완성하는데 작용한다.

'이理 - 신神 - 사事'의 틀을 우리는 자연적으로 일어나는 사물의 경우에도 적용하여 이해해볼 수 있다. 예컨대 한 알의 장미 씨가 땅에 떨어져 싹이 트고 자라나서 꽃을 피워 열매를 맺음으로써 다음의 생성을 위해 그 씨알을 남기는 경우가 있다고 해보자. 충분히 여문 장미의 씨는 싹이 트기 전에 이미 씨 안에는 장차 장미로 변화하게 될 창조변화의 이법(존재정보)을 내장하고 있다. 그렇기 때문에 장미의 씨는 싹이 터서 장미로 성장하게 되는 것이다. 여기에는 또한 일정한 조건만 갖추어지면 장미 씨가 생명활동을 일으킬 수 있는 '그 무엇'이 내재되어 있다. 이것을 장차 생장을 일으키는 신이 지니고 있다고 이해해 볼 수 있을 것이다. 그래서 씨 안에 머무르고 있던 신은 작용할 수 있는 조건만 갖추어지면 주변의 에너지를 끌어들여 존재이법에 따라 스스로 싹을 틔운다. 만일 씨를 삶아버리든가 하면 생명활동을 일으키는 신은 그 안에 거주할 수 없게 될 것이고, 결국에 씨는 싹이 터 장미로 성장할 수가 없게 된다.

자연에서 활동하는 신은 조화, 교화, 치화의 정신으로 작용한다. 조화의 정신은 창조변화의 존재정보, 예컨대 창조의 씨 안에 내장된 모양, 형태, 크기 등의 다양한 유전정보와 외부로부터 들어오는 정보(창조변화의 이법)를 파악한다. 교화의 정신은 내부적으로는 그러한 존재이법을 담지하고, 외부적으로는 실현 가능한 기운(에너지)을 끌어들여 그 정보에 따라 성장해 가도록 작용한다. 치화의 정신은 내부적으로는 이법에 따른 성장변화의 기운을 효율적으로 조절하여 창조의 목적에 이르도록 이끌어 가고, 외부적으로는 주변의 환경에 적응을 조율하면서 성장하도록 주도해나감으로써 결국 그것의 목적 달성, 즉 모든 정보를 갈무리하여 새로운 탄생을 위한 결실로 매듭을 짓는다.

만약에 돌이나 바위와 같은 무기물의 경우라면 조화의 정신은 단순한 조직의 정보만을 파악하는 작용으로만 만족하게 되고, 교화 및 치화의 정신은 외부적으로 거의 작용하지 않기 때문에 성장이나 질서의 유지를 위한 과정은 없다고 할 수 있다.

그래서 무기물의 경우는 외부의 변화요인이 없는 한 그대로 존속하는 경향이 있다. 반면에 생명을 가진 식물의 경우는 외부적으로 교화의 정신과 치화의 정신이 작동하기 때문에 성장과 영적인 교감(극히 미미한 수준)의 과정으로 진입하며, 창조의 목적에 도달할 수 있는 것이다. 의식을 가진 동물의 경우는 영적인 교감의 활동이 적극적으로 나타나고 목적달성을 위한 주재활동이 보다 자유롭기 때문에 사회의 구성과 질서 있는 삶을 추구하게 된다. 특히 고도의 의식을 가진 인간의 경우에는 치화의 정신이 충분하게 작용하기 때문에 조화, 교화, 치화의 정신이 다른 생명체에서보다 가장 왕성하게 작동한다고 말할 수 있게 되는 것이다.

그러므로 삼신은 만유의 존재 근원이라는 의미에서 조물주이다. 즉 자연 세계의 많음으로 창조변화의 활동에 진입하는 신은 조화, 교화, 치화의 정신으로 작용하기 때문에 조물주 삼신이라 부른다. 어떤 의미에서 보면 조물주로서의 '신은 천지간에 가득 차 있다'는 의미에서, 만유의 존재에 침투해 들어가 내재하기 때문에 결과이며, 동시에 구체적인 창조변화에 작용하기 때문에 생성자일 수 있다. 즉 신은 창조변화의 근원이라는 의미에서 보면 하나[一者]이며 궁극의 원인이지만, 구체적인 생성자라는 의미에서 보면 많음[多者]이요 결과라는 얘기다. 말하자면 현실적으로 나타나는 자연세계의 모든 창조변화는 바로 조물주 삼신의 변용이라고 말할 수 있는 것이다.

신격神格은 곧 물격物格

자연세계를 보게 되면, 거시적으로는 해, 달, 별, 비, 구름, 강, 산, 바다, 바위, 돌, 흙, 금속과 같은 것들이 있고, 공중이나 육지, 땅속이나 바다 속에는 수백억 종류의 식물과 동물이 살아가고 있다. 미시적으로는 원생식물과 원생동물과 같은 생명체는 물론이고 화학약품과 같은 원자들이 복잡하게 얽혀 있다. 이것들은 모두 신이 들어감으로써 개체로 존재하게 되고, 신이 떠나면 흩어져 없어지기 때문에 신은 창조변화의 직접적인 원인이 된다.

문제는 개별적인 것들이 모두 많은 부분들로 구성되어 있다. 마치 주택住宅의 경우에서 나무, 시멘트, 철근, 내부의 주방과 가구들, 기타 잡다한 것들이 모여 하나의 집으로서 기능하듯이, 각자의 부분들 또한 많은 부분들로 이루어져 있음에도 불구하고 단일한 개체로 인식된다는 것이다. 화이트헤드의 사상을 빌려서 표현해 보자면, 단일한 개체의 생성이란 많음[多者]이 합생合生을 통한 일자[一者]로의 이행이라고 말할 수 있다. 마찬가지로 개별적인 생명을 가진 사람의 경우에, 사실 그 내부에는 수없이 많은 세포와 장기, 그 속에 살고 있는 박테리아 및 병원체, 장기 속에서 활동하는 여러 종류의 기생충이 활동하고 있다. 여기에서 우리는 개별적인 사람 내부에 수많은 종류의 신이 활동하고 있지만 하나의 개체로 경험된다는 사실을 포착할 수 있을 것이다. 장엄하게 보이는 산이나 강 등의 경우에도 그 내부에는 수많은 신들이 활동하고 있으나 전체로 보면 개별적인 단일한 신의 활동으로 경험되기는 마찬가지다.

신에 의한 개별적인 생성은 많은 부분들로부터 개별적인 일자로의 이행이고, 일자는 하나의 존재로 인식된다. 이는 구성요소별로 활동하는 수많은 신들이 내재하고 있을지라도 단일한 개체성個體性을 유지하는 신이 존재함을 뜻한다. 즉 부분들로 기능하는 신들을 통합적으로 관할하는 보다 강력한 하나의 주체신主體神이 있다는 뜻이다.

개별적인 생성의 경우에서 무엇이 강력한 하나의 주체신이 되는가? 앞서 삼신의 작용, 즉 조화의 정신은 창조변화에 대한 존재정보를 파악하기 때문에 그에 따른 개별물의 구조를 결정하는 근거가 되며, 교화의 정신은 내부적으로는 존재정보를 담지하고 외부적으로는 영적인 교감을 통해 적절한 원기를 끌어들여 자신을 육성하는 데에 작용하고, 치화의 정신은 내부적으로는 생육을 조율하면서 외부적으로는 주변과의 영적 교감을 통해 질서를 유지하여 창조의 합목적성에 이르도록 이끌어간다고 했다. 여기에서 주체신은 근원으로 보면 삼신이지만, 구체적인 현상으로 보면 개별성을 결정짓는 본성本性으로 인식되며, 그 작용 모습은 본성의 기능技能으로 드러난다고 말할 수 있다.

자연세계에 존재하는 수많은 것들이 각기 단일한 개체로 존재하는 까닭은 바로 개별적인 본성이 있기 때문이다. 개별적인 본성은 나무를 나무이도록 하고, 사람을 사람이도록 하며, 산을 산이 되도록 하는, 즉 각자의 동일성을 확보해 주는 인식의 근거가 된다. 따라서 부분적인 여러 신들의 활동으로 구성된 개별적인 사람은 그 본성이 주체신이 되고, 마찬가지로 산이나 바위 또한 그 본성이 바로 주체신이 된다고 할 수 있다.

개별적인 주체신의 신격神格은 어떻게 결정되는 것일까? 삼신의 작용으로 창조되어 드러난 현상이 개별적인 물物이고, 이것의 본성은 바로 기능으로 드러난다. 여기로부터 신격은 곧 개별물의 본성에 상응하는 물격物格이 된다고 말할 수 있게 되는데, 이는 곧 물격의 다른 표현이 곧 신격神格이라는 얘기다. 따라서 신의 작용으로 창조되어 존재하는 자연세계의 것들은 삼신의 정신(조화, 교화, 치화)을 얼마나 품부 받아 왕성하게 작용하느냐에 따라 개별물의 본성이 결정이 되고, 그에 따라 자연세계는 존재가치의 단계가 결정이 된다고 볼 수 있다. 이런 의미에서 아리스토텔레스는 천지만물이 가장 낮은 단계의 무기물로부터 식물 군, 동물 군, 인간들에 이르기까지 연속

선상으로 놓여 있는 '자연의 사다리'[25]로 구성되어 있다고 말했던 것이다.

그러므로 자연의 물격은 곧 신격의 다른 표현이다. 이와 유사한 방식으로 자연에 대한 형이상학적인 학설을 내놓은 이가 있는데, 개별적인 "단자monad"가 창조변화의 주체요 신이 됨을 주장한 근대의 철학자, 라이프니쯔Gottfried Wilhelm von Leibniz(1646~1716)가 대표적이다. 그는 『단자론Monadologia』에서 단자가 개별적인 신이요 실체라는 '단자 형이상학'[26]을 전개한다.

라이프니쯔에 따르면, 세계란 정신적인 실체인 수많은 단자들로 구성되어 있다. 의식이 전혀 없는 가장 저급한 단자(원자와 같은 물질을 이루는 신)로부터 시작하여 흐릿한 의식을 이루는 좀 더 높은 등급의 단자(식물과 같은 생명을 이루는 신), 좀 더 분명한 의식을 가진 등급의 단자(동물과 같은 사고를 가진 신)과 또렷한 의식을 가진 보다 생생한 단자(인간과 같은 고차원의 영혼으로 이루어진 신), 그리고 가장 고차적이고 순수 의식을 가진 단자(신과 같은 순수 영혼)에 이르기까지 무수한 등급으로 나누어져 있다는 것이다.

이와 같이 조물주 삼신의 작용으로 인해 생성 변화되는 자

---

25 J. Barnes, 문계석 옮김, 『아리스토텔레스의 철학』, 118쪽

26 문계석 지음, 『철학의 근본문제』, 67쪽 참조

연은 삼신의 정신을 얼마나 품부 받느냐에 따라 각기 개별적인 존재방식이 다르고, 탁월성의 정도가 다르기 마련이며, 이에 따라 신들의 가치 등급도 달라진다. 중요한 것은 자연적으로 존재하는 것들 중에서 그 무엇보다도 인간만이 조물주 삼신의 조화, 교화, 치화의 신성을 온전하게 품부 받아 존재한다는 것이다. 특히 인간에게는 교화의 정신으로부터 품부 받은 영적인 깨달음의 작용, 즉 가르침과 배움의 활동이 활발하고, 치화의 정신으로부터 품부 받은 주재의 덕성과 합목적성을 도모하는 정신이 가장 탁월하게 작용한다는 점이다. 그래서 인간은 만유의 존재들 가운데 가치등급이 상위에 오르게 되고, 자연세계에서 인간이 곧 만물의 영장이라고 표현 될 수 있는 것이다.

천지간에 활동하는 수많은 인격신

우주세계는 개별적인 주체신으로 활동하는 신이 수없이 많다. 즉 세계 안에서 일어나는 별의별 종류의 창조변화란 시간의 물결을 타고 벌이는 개별적인 주체신의 활동으로 드러난 모습이라고 할 수 있다는 얘기다. 요컨대 자연적인 사물 안에서 활동하는 구름의 신, 바다의 신, 강의 신, 바위의 신은 물론이고, '목신木神'(『도전』 5:156), '불의 신'(『도전』 5:275) '산신山神'(『도전』 5:157) 등은 개별적인 주체신이다. 이러한 신들을 총체적으로 표현하여 자연신이라 명명한다.

이러한 자연신들 가운데는 인격성을 가진 신들도 포함된다. 인격신이란 글자 그대로 인간과 같은 성품性品을 갖추고 있는 신을 뜻한다. 자연신은 자연물의 형태를 띠고 있으면서 그러한 특성을 지니고 있겠지만, 인격신은 인간의 모습을 띠고 있고, 사람과 같이 먹고 마실 수 있으며, 정욕을 가지고 있고 감정과 의식을 가진 것이 특징이다. 특히 인격신은 지상세계에 인간으로 태어나 살면서 활동하다가 죽어서 된 신을 말하는 것인데, 인격신이 된 대표적인 경우는 조상祖上으로 표현되는 '선령신'(『도전』 2:101)이 그 예이다.

특이할 만한 것은 자연신이면서 인격성을 가진 신도 있다는 점이다. 오랜 기간 동안 자연의 신간변화 속에서 가치등급이 승화되어 인격적 특성을 가진 자연신도 인격신의 계열에 넣을 수 있다. 인간의 형상이 아니더라도 인격적 품성을 지닌 신이 있다면 얼굴 없는 인격신이라고 부를 수도 있다는 얘기다. 그러한 예로 다독거리며 다닌다고 이름이 붙여진 "다독이", 두리 뭉실하게 생긴 "뭉실이"(『도전』 4:87:5-11), 조화를 부리는 "도깨비"(『도전』 5:243:2)와 "천상깨비"(『도전』 2:76:2) 등을 고려해볼 수 있을 것이다. 이것들이 무엇인지를 명확하게 설명하기란 어렵지만 아무튼 일정부분 인간의 성격과 정서를 갖추고 있다는 의미에서 인격신이라 부를 수 있다.

사실 고대의 동방 한민족이나 그리스인, 이집트인, 인도인들만큼 인격신들을 경배한 민족이 있었을까? 특히 고대의 그리스인들은 자연에서 일어나는 신이하고 장엄한 현상들을 관망할 때 신으로 여겨 숭배했었고, 찬란한 문명을 일궈오면서 수많은 신들을 사랑하게 되었다. 특히 아테네 시대의 생활상을 들여다보면, 신과 인간의 삶은 구분이 되지 않는다. 신은 말과 행동에 있어서 꼭 같이 인간을 닮아있다. 신들도 아름다움을 찬미하고, 맛있는 음식을 즐기며, 시기와 분노 두려움과 공포를 그대로 느끼고 표출하면서 살기 때문에 인격신으로 나타난다. 말하자면 신과 인간은 서로 어우러져 있어서 어느 것이 신이고 인간인지 가늠할 수 없을 정도다. 그들은 인격신들로 가득 찬 세계에서 함께 즐거워하고 슬퍼하며 살아갔던 것이다.[27]

  천상과 지상에는 수많은 자연신과 인격신의 활동으로 가득하다. 이들은 자연과 인간, 그리고 문명 안으로 들어와 직간접적으로 영향력을 행사하고, 일정한 영역을 관장하기도 한다. 특히 오랜 세월 동안 도道를 닦다가 인간 세상으로 내려와 위대한 헌신과 업적을 남기고 간 공자, 석가, 예수와 같은 문명신과 도통신(『도전』 4:8; 4:46~47), 글을 잘 쓰던 사람이 죽어서 된 문신文神, 거짓을 일삼다 죽어서 된 사신邪神, 농을 즐기며 살다가 죽은 농신弄神, 도둑질을 좋아하는 적신賊神(『도전』

---

27 장영란,『그리스 신화』, 47-49쪽 참조

8:77), 길을 다스리는 치도신장(『도전』 3:208), 신의 군대인 신병(『도전』 5:333), 괴질 병을 관장하는 괴질신장(『도전』 7:50), 굶어서 죽은 아표신(『도전』 7:87), 비를 관장하는 우사(『도전』 4:40), 원한으로 뭉쳐있는 원신과 혁명을 도모하다 죽은 역신(『도전』 4:17), 남을 해치는 척신(『도전』 3:188), 개인의 생명을 보호하는 보호신(『도전』 4:154) 등 수없이 많은 인격신들이 그 예이다.

신의 세계는 물리적인 세계보다 더 복잡하고 다양한 구조를 가지고 있다. 요컨대 인간세계에서 여러 분야의 일을 관할하는 계급과 그 질서체제는 신의 세계에도 그대로 있다. 신의 세계에도 계급이 있고, 각기 맡은 분야와 영역을 총괄하는 주신主神이 있다는 뜻이다.

주신은 인격적 존재가치에 따라 그 신위神位가 결정된다. 주신은 직능에 따라 특정 분야를 관장하는 인격신인데, 바람을 담당하는 주신, 태양의 운행을 관장하는 주신, 이 산, 저 산을 통합하여 관할하는 주신이 있으며, 강을 다스리는 주신, 바다를 지배하는 주신도 있다. 심지어 각 지방을 관할하여 다스리는 지방신(『도전』 4:6; 4:18)도 있으며, 여러 신들을 총괄하여 다스리는 주신도 있고, 나아가 과거에 제국의 황제로 있었던 천자신(『도전』 5:215), 소국가의 왕이었던 제왕신과 장군으로 지냈던 장상신(『도전』 2:3:3-6) 등도 신의 세계에 상존하고 있는 것이다.

인격신의 주재 위격이 그렇게 달라지는 까닭은 무엇일까? 그것은 인간이 살아 있을 당시 지위에 따라 혹은 영적인 깨달음을 통해 얻어진 도격道格의 정도에 따라 달라진다. 도격은 조물주 삼신의 창조변화의 정신을 얼마나 옹골지게 품부 받고 이를 얼마만큼 순수하게 정화하고 계발하여 삼신의 진성眞性에 접근하느냐에 달려 있다. 물론 사람에 따라 다르겠지만 도격이 높은 사람은 삼신의 진성을 그 어느 누구보다도 더 가치 있게 실현할 수 있는 셈이다. 이와 같이 인간은 도격의 가치등급이 형성되고, 생을 마감한 후에는 그에 따라 인격신이 되어 그 위격이 결정되는 것이다.

천지간에 가득한 인격신들 중에는 지존무상의 위격에 있는 인격신이 실재한다. 지존무상의 인격신은 조물주 삼신의 정신 자체가 남김없이 그대로 실현되어 현존하는 분으로, 삼신의 권능과 도권道權을 온전하게 소유한 최고의 주권자일 것이다. 『태백일사太白逸史』「삼신오제본기三神五帝本紀」에서 언급된 "삼신즉일상제三神卽一上帝"가 그분이다. 이분은 시양철학의 형이상학적인 용어를 빌어서 표현해 보면 조물주 삼신의 본성과 존재가 하나가 된 실체substantia를 뜻한다. 신교의 전통을 이어받은 동방문화권에서는 이분을 우주만물의 최고 주재자요 통치자인 삼신상제라 호칭해 왔다.

2. 인간의 본성이 된 삼신

세상에서 가장 존귀한 것은 자신의 생명이라 할 수 있을 것이다. 그 생명은 하늘에서 뚝 떨어져 존재하는 것일까? 아니다. 사람은 누구나 자신의 생명을 낳아준 부모가 있다. 부모가 없는 현재의'나'는 존재할 수 없고, '나'없는 미래의'후손' 또한 있을 수 없다는 얘기다. 즉 나는 조상으로부터 생명의 정보 및 혈통을 대대손손 이음으로써 존재하는 것이고, 그것을 다음 후손에게 물려줌으로써 후손 또한 그렇게 존재하게 되는 것이다. 결과적으로 자신의 고귀한 생명을 세상에 내놓은 분은 직접적으로는 부모이고, 직계의 조상이 되는 것이다. 이러한 의미에서 본다면 생명의 하느님은 바로 부모와 조상이어야 하는 이유가 여기에 있는 것이다.[28]

그런데 부모와 조상은 생명의 본성을 어디서 구하여 전해준 것일까? 생명의 본성을 찾아 근원으로 추적해 올라가면, 바로 만유생명의 근원이 되는 삼신하느님에 연유하고 있음을 추론해볼 수 있다. 삼신하느님은 각자의 조상을 통해 생명을 보내고, 이 생명은 부모를 직접적인 매개로 하여 개별적인 생명체로 잉태되며, 이로부터 각자의 고귀한 인격체로 성장하게 되는 것이다. 따라서 생명의 본성은 삼신하느님에 근원함을 알

---

28 안운산,『天地의 道 春生秋殺』, 112-113쪽 참조

수 있다. 즉 부모, 조상, 삼신하느님은 현재 살고 있는 인간 생명의 근원적인 주소인 셈이다.

생명을 잉태시키는 삼신

창조되어 존재하는 만유생명들 중에서 가장 복잡한 유기적인 구조와 최고의 가치목적을 지닌 것은 인간이라 할 수 있다. 인간의 생명은 다른 동식물이나 도구적인 것들과는 가치와 의미에 있어서 근본적으로 다르다는 얘기다. 인간 생명은 어찌하여 최고의 가치목적을 지닌 존재가 되는 것일까? 그 이유야 여러 측면에서 접근하여 밝혀볼 수 있겠지만, 앞서 말했듯이, 인간은 조물주 삼신의 창조적 정신을 가장 옹글게 품부 받아 탄생하므로 인간만이 최고로 영험한 존재가 될 수 있기 때문일 것이다. 세상의 그 무엇보다도 인간의 생명이 왜 가장 소중하고 고귀한가에 대한 이유가 여기에 있다.

그럼 오직 하나뿐인 자신의 고귀한 생명은 어떻게 품부받아 존재하게 되는 것일까? 그것은 자신을 낳아 준 부모가 임의적으로 우연히 만든 것이 아니라 하늘로부터 생명의 신을 내려받음으로써 존재하는 것이다. 우선 고귀한 인간생명의 탄생은 하늘에서 점지가 있어야 한다. 증산상제는 "자손을 둔 신은 황천신黃泉神이니 삼신三神이 되어 하늘로부터 자손을 타내린다."(『도전』 2:118:5)는 진리를 전하였다. 대대손손 인간의 삶으로 이어지는 자손의 출생은 조상신이 삼신이 되어 하늘로 부터 생명을 받아 내림으로부터 시작한다는 뜻이다.

각자의 생명은 태생부터 고귀하고 존엄한 것이다. 조상신은 자손 하나를 얻어내기 위해 삼신하느님께 지극한 정성과 엄청난 공력을 들이기 때문이다.

> "하늘이 사람을 낼 때에 무한한 공부를 들이나니 그러므로 모든 선령신들이 쓸 자손 하나씩 타내려고 60년 동안 공을 들여도 못타내는 자도 많으니라."(『도전』 2:119:1-2)

이와 같이 조상신은 삼신하느님으로부터 하나의 생명을 내려 받아 쓸만한 후손을 두기 위해 천상에서 몇 십년이나 공을 들이고 무한한 공덕을 쌓는다. 하나의 생명이 점지되어 인간으로 탄생하기까지는 아마 복권 당첨보다 더 어렵게 이루어진다는 얘기다.

조상의 무한한 공력과 공덕으로 선택된 생명의 신[三神]은 어떤 기회가 주어지게 되면 인간세계로 내려와 개별적인 생명으로 탄생하게 된다. 그 상황에 대하여 만유생명을 주재하는 증산상제는 어느 부부가 팔자에도 없는 자식을 갖게 해 달라고 간곡히 청하는 바람에 그 소원을 들어 주는 내용에서 분명히 밝혀지고 있다.

"'아무개 댁, 아무개 댁'하고 택호를 부르시며, '삼신三神이 들어가니 아기 받으라.'하시는지라, 그 집 내외가 태기胎氣가 전혀 없는데 상제님께서 그리 말씀하시니 이상하게 생각하면서도 '예'하고 대답하였더니, 과연 며칠 후부터 태기가 있어 열 달 뒤에는 고대하던 아들을 낳으니라."(『도전』 9:124:3-6)

이러한 주장은 학문적 사실의 관점에 적용하여 이해해 볼 수도 있을 것이다. 즉 인간의 생명은 맨 먼저 천지음양으로부터 주어진 원기元氣, 달리 표현하여 아버지의 정자와 어머니의 난자의 결합으로 시작한다고 할 수 있을 것이다. 그러나 앞서 삼신은 창조변화의 근원으로 작용한다고 하였듯이, 그러한 생명은 인간으로의 탄생을 기다리던 삼신이 하늘에서 내려와 원기(각기 반쪽의 유전정보를 담은 정자와 난자) 속으로 들어가는 순간부터 시작한다. 원기 속으로 들어간 삼신은 전체를 감싸면서 부모로부터 전해지는 유전정보를 파악하여 통일성을 갖추는데, 이것이 인간 생명의 씨앗이 되는 셈이다. 인간 생명의 씨앗이 된 삼신을 달리 표현하면 '생명의 혼'이라 할 수 있다.[29] 말하자면 생명의 혼은 자기의 조상신이 60년 동안 공덕

---

29 인간생명의 탄생을 생물학에서는 달리 풀이하고 있다. 생명공학에서 밝혀진 바로는 일반적으로 어머니로부터 제공되는 난자세포Egg cell와 아버지로부터 제공되는 정자세포Sperm cell가 만나 수정체를 이룸으로써 생명의 탄생이 시작된다고 본다. 수정체는 어머니와 아버지로부터 대를 이어 전해 내려오면서 형성된 유전정보를 물려받아 서로 융합된 난자Fertilized egg인데, 수정된 난자는 유전정보에 따라 무수하게 자기복제를 하여 유기체인 배

을 쌓으며 삼신하느님으로부터 얻어낸 것이며, 생명의 혼이 음양의 원기(난자와 정자) 속으로 들어감으로써 생명활동을 일으키는 주체신이 되는 것이다.

만일 부모에게서 제공되는 음양의 창조기운이 주어진다 하더라도 거기에 삼신이 들어가지 않으면 현실적인 생명활동으로 작용할 수 없을 것이다. 삼신이 들어가야 수정된 배아가 생기고, 이것이 생명의 주체가 되어 창조변화의 작용이 시작되는 것이다. 부연하자면 생명의 혼이 된 주체신은 조화의 정신으로 정보를 파악하고, 교화의 정신으로는 정보에 따라 세포를 분열시켜 육성하며, 치화의 정신으로는 그 질서에 맞게 세포를 이동시켜 성장의 목적으로 이끌어 간다. 즉 생명의 주체신은 모체에서 제공되는 기를 끊임없이 끌어들여서 각 기관이 형성되도록 하고, 태아가 지속적인 생명활동으로 펼쳐 나가도록 작용하는 것이다.

인간생명의 본성으로 전환된 삼신

인간의 생명은 삼신의 창조변화의 정신을 치우치게 받아 형성되는 다른 것들과는 달리 옹골지게 품부 받아 형성되는데,

---

아세포Embryo's cells로 성장하고 나아가 인간생명체인 태아를 형성한다. 이후 태아는 외부로부터 자양분을 끊임없이 흡수하여 유전정보가 이끄는 대로 인간의 각 기관을 이루고, 결국 인간으로 탄생하여 성장하게 된다고 알고 있다.

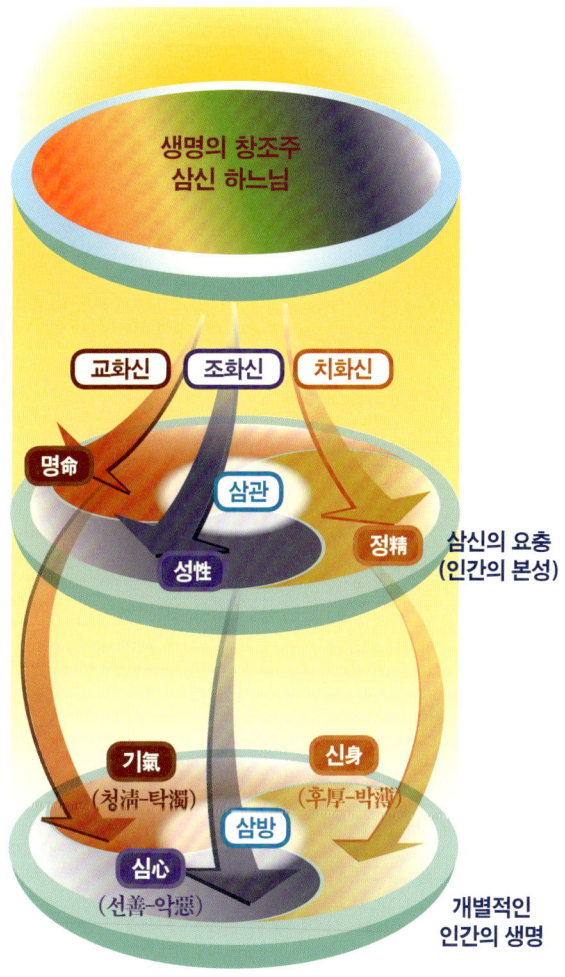

생명의 창조주
삼신 하느님

교화신 | 조화신 | 치화신

명命

삼관

정精

성性

삼신의 요충
(인간의 본성)

기氣
(청清-탁濁)

신身
(후厚-박薄)

심心
(선善-악惡)

삼방

개별적인
인간의 생명

●**삼관으로 이화된 삼신**···인간의 본성으로 이화된 삼관이 개별적인 인간의 생명으로 된 삼방(심기신).

태아 속으로 들어온 삼신은 곧 인간의 생명을 지키는 삼관三關으로 이화理化된다. 조화의 신은 내려와 인간의 성性으로 이화되고, 교화의 신은 내려와 인간의 목숨[命]으로 이화되며, 치화의 신은 내려와 인간의 정精으로 이화된다.[30] 한마디로 말해서 천지음양의 조화기운으로 들어온 삼신은 생명을 지키는 성명정性命精(삼관)으로 전환되는데, 이것이 바로 인간 생명의 본성인 것이다.

삼신은 인간 생명의 본성으로 어떻게 전환되는 것일까? 태아 속으로 들어온 삼신은 생명창조의 주체신이 되는데, 조화의 신은 맨 먼 저 부모에게서 유전으로 제공되는 모든 존재정보코드를 파악하고 통합하여 장차 하나의 생명으로 성장해갈 수 있는 씨앗으로 종합한다. 이러한 종합이 있기 때문에 사람의 생명은 장차 다른 종자가 아닌 부모와 닮은 종자로 성장해간다. 이 과정에서 조화의 신은 인간의 성性으로 이화되어 자리를 잡게 된다. 이 성은 형체가 없지만 품성을 트이게 하여 사람의 본성을 이루게 된다. 그래서 인간의 본성은 자아의 동일성을 유지하는 주체가 되기 때문에 대대소손 존재정보와 혈통을

---

30 안경전 역주, 『환단고기』, 134쪽 : "조화신은 내려와 나의 성품이 되고 교화신은 내려와 나의 목숨이 되며 치화신은 내려와 나의 정기가 된다. 그러므로 사람만이 만물 가운데 가장 귀하고 가장 높은 것이다.造化之神 降爲我性 教化之神 降爲我命 治化之神 降爲我精 故惟人 爲最貴最尊於萬物者也"(『환단고기桓檀古記』「단군세기檀君世紀 서序」).

보존하기도 하고, 타고난 자신의 본성을 그대로 유지하기도 한다. 사람의 본성이 쉽게 변하지 않는 까닭이 여기에 있다.

교화의 신은 사람의 몸에 들어와 목숨[命]으로 이화된다. 즉 교화의 신이 들어와 목숨이 열리는 것이다. 여기서 목숨이란 각자의 생명을 지속적으로 성숙시키는 수명壽命이고, 수명은 자신의 생명을 유기하기 위해 천지기운을 지속적으로 끌어들이며, 또한 삼신의 본성자리를 깨우치고 실현해야할 천명을 발현하기도 한다. 그래서 교화의 신은 육성과 가르침(깨달음)의 덕성으로 표현되는 것이다.

인간의 수명으로 이화된 교화의 신은 어떻게 작용하는가? 그것은 먼저 잉태된 생명의 씨앗을 키워나가는데, 생명체를 구성하는 데에 필요한 기운(에너지)을 모체로부터 끌어 들여 타고난 유전정보에 따라 수많은 세포를 분열시키고, 분열된 세포를 각 기관을 형성할 곳으로 이동시켜 조직을 키운다. 이 과정은 머리, 몸통, 팔다리, 얼굴, 눈, 코, 치아, 뼈, 심장, 위장, 장기, 피 등 많은 부분들이 아주 복잡하고도 유기적으로 조직되어 균형을 갖춘 인간의 생명체로 성장해 감을 말한다. 타고난 수명을 다할 때까지 그 활동은 멈추지 않고 진행된다. 그리고 인간 생명의 본성은 가르침과 배움을 통해 제각기 삼신으로부터 받은 생명의 근원을 인식하고, 영원한 삶의 의미와 진리를 깨닫도록 작용한다. 그러므로 만일 교화의 신이 이화된 인간의 명이 없다면, 그 생명의 씨앗은 더 이상 커나갈 수 없을뿐더러 삼신의 영원한 생명을 회복하려는 노력 또한 없을 것이다.

또한 교화신의 작용이 있기 때문에 사람의 본성은 태어난 그대로 항존하지 않고 변화될 수도 있다. 즉 생명의 주체신은 성장활동을 하면서 교화의 활동을 통해 외부로부터 주어지는 새로운 존재 정보를 종합적으로 선택하여 자신의 본성에 통합하여 새로운 본성으로의 전환을 시도하기도 한다. 이러한 경우에 타고난 본성은 새롭게 변형되기도 한다는 뜻이다. 이것은 교화신의 깨달음에 대한 작용이 있기 때문이다. 개과천선改過遷善하여 새 사람이 되는 까닭이 여기에 있다.

치화의 신은 사람의 목숨[命]과 본성자리[性]를 융합함으로써 작용하는 것, 즉 생명의 동력원인 정精으로 이화된다. 인간 안에 자리 잡은 정은 조화의 신이 이화된 본성과 교화의 신이 이화된 생명을 복원하고 보전하는 데에 가장 큰 덕성으로 작용하는 것이다. 그렇기 때문에 성은 명을 떠나지 않고, 명은 성을 떠나지 않으며, 그 가운데 정이 있어 양자를 조화한다고 말할 수 있다. 말하자면 치화의 신이 이화된 인간의 정은 먼저 타고난 본성이 올바르게 구현되도록 성장의 질서를 주재하고 조절하여 본래의 존재목적에 도달할 수 있도록 이끌어 간다.

치화의 신이 이화된 인간의 정은 어떻게 작용하는가? 사람의 생명체는 엄청나게 복잡한 정보체계로 이루어진 유기적인 복합체이다. 그 안에는 머리, 몸통, 얼굴, 장기, 세포 등이 체계적인 질서를 갖고 정보활동을 벌이고 있다. 이 경우에서 정은 수많은 부분들이 서로 유기적인 질서를 유지하면서 균형있는 성장으로 나아갈 수 있도록 조절하고 주재한다. 그리고 정은 인간의 본성을 실현해 가는 과정에서 외부와의 영적인 교감을 통해 자신의 성숙을 촉진하여 최고의 존재가치에 이를 수 있도록 이끌어 간다. 인간 사회에서 질서와 통제가 이루어지고, 자연과의 조화를 유지하는 것은 본성적으로 타고난 정의 영적인 소통과 주재성에 근거한다. 그러므로 인간의 정은 최종적으로 삼신의 본성자리와 생명의 존속을 뚜렷이 하는데 여기에 정의 보존이 있다고 말하는 것이다. 정의 보존이 확고할 때 성과 명은 제대로 지켜지는 것이며 곧 삼신의 영원한 생명을 회복하여 완성된 인간, 즉 신인이 되는 것이다.

삼신이 들어와 인간의 본성으로 이화된 삼관의 의미를 간추려 보자. 인간의 성은 본성을 뜻하며, 목숨을 떠나지 않는나. 목숨 또한 성을 떠나지 않고 본성을 한정한다. 성과 명의 작용가운데 정이 있다. 즉 성명정은 삼신의 본성을 지키는 요충이라는 의미에서 삼관三關 혹은 삼진三眞이라 하는데, 이에 대해서 『태백일사太白逸史』는 이렇게 기술하고 있다.

"성·명·정은 삼관이니, 관이라 함은 신을 지키는 요충이다. 성은 목숨과 분리되지 않으며 목숨은 성품과 분리되지 않으니 정기는 그 가운데 있다."[31]

삼관을 근거로 해서 사람이 태어나면 개별적인 생명체의 본성으로 존속하게 되는 것이다. 그래서 성명정은 바로 인간의 정신론이 되는 것이다. 만일 인간의 삼관으로 이화된 삼신이 떠나게 된다면 생명의 본성이 상실하게 되어 결국 육신이 해체되어 버린다. 그렇기 때문에 삼신은 현실적인 인간의 존재 근원이 된다고 할 수 있는 것이다.

인간 본성의 변질

서양의 고대 철학자 플라톤Platon 철학의 핵심사상을 들여다보면, 존재 자체는 본성상 선善으로 규정되고 있음을 알 수 있다. 이데아들이 이에 속한다. 인간의 이데아 또한 본성상 선한 존재이다. 그것은 인간의 이데아가 존재 자체에서 오는 것이기 때문이다. 이런 맥락에서 본다면 사람은 누구나 태어날 때 선한 본성을 갖고 태어난다고 말할 수 있을 것이다. 동양의 철학자 맹자孟子 또한 인간은 선천적으로 선한 본성으로 태어난다는 입장에서 "성선설性善說"을 설파했음을 우리는 상식으로

---

31 안경전 역주, 『환단고기』, 290쪽 :"性命精爲三關 關爲守神之要會 性不離命 命不離性 精在其中"(『태백일사太白逸史』「삼신오제본기三神五帝本紀」)

알고 있다.

인간은 본성적으로 선한 존재이다. 앞서 밝혔듯이, 동북아 한민족의 전통에서는 사람의 본성이란 삼신으로부터 내려 받은 삼관三關, 즉 성명정으로 규정되고 있다. 성명정 자체는 삼신의 본성을 지키는 순일純一한 요충이기 때문에, 본래적인 의미에서 성은 선善하고 명은 맑[淸]으며 정은 후厚한 것이었다.

그런데 선한 본성의 인간은 왜 악하게 되는 것인가? 그 까닭은 그것이 결정적으로 개별화되는 데에 있다. 즉 인간은 천지음양의 기운으로 이루어지는 육신을 뒤집어쓰면서 개별화되고, 그와 동시에 본성이 비본래적인 양상으로 탈바꿈된다. 비본래적인 양상은 성이 악惡하고 명이 탁濁하며 정이 박薄함으로 변질되는 것이다. 본성상 선하고 맑고 후한 성명정이 그렇게 변질되어 나타난 까닭을 플라톤은 이데아에 있었던 인간의 순수영혼이 육체의 감옥에 갇히게 되면서 본연의 기능을 발휘하지 못하기 때문이라고 했고, 맹자는 육신의 생명을 유지하려는 기질지성氣質之性 때문이라고 표현했다.

인간의 참 본성인 삼관이 개별적인 육신을 뒤집어쓰면서 전환된 상태를 삼방三房이라 한다. 삼방에 대하여 『태백일사太白逸史』는 "심・기・신은 삼방이니, 방이라 함은 탈바꿈하여 이루게 되는 근원이다. 기운은 마음을 떠나지 않으며 마음은 기운을 떠나지 않으니 몸은 그 가운데 있다."[32]고 기술하고 있다. 그래서 성은 개별적인 마음[心]으로, 명은 개별적인 기운[氣]으로, 정은 개별적인 신체[身]로 전환되어 각기 작용하기 때문에 인간은 선해지거나 악해질 수 있다는 것이다.

삼관에서 삼방으로 전환된 마음[心], 기운[氣], 신체[身]는 구체적으로 무엇을 의미하기에 인간이 선해지기도 하고 악해지기도 하는 것일까?

인간생명의 마음[心]은 정신적인 것이지만 조화의 신이 이화된 성性[33]에 의지한다. 그래서 인간의 마음이 성을 따르면 선하여 복을 동반하고 그렇지 않으면 악하여 화가 따른다. 기운[氣]은 여러 의미가 있으나 물질적인 영기靈氣에 해당하는 것으로 교화의 신이 이화된 명命에 의지한다. 그 기운이 생명의 본성을 따라 명경지수明鏡止水와 같이 맑으면 장수하고 그렇지 않고 탁하면 요절한다. 마음과 기운이 융합하여 몸[身]을 형성하는데, 몸은 물질적인 것만도 정신적인 것만도 아닌 것으로 정精에 의지한다. 몸이 정을 따라 두터우면 귀하고 그렇지 않

---

32 안경전 역주,『환단고기』, 290쪽 : "心氣身爲三房 房爲化成之根源 氣不離心 心不離氣 身在其中"(『태백일사太白逸史』「삼신오제본기三神五帝本紀」)

33 "이는 儒敎에서 말하는 理氣의 개념과도 같다. 즉 유교에서 말하는 理는 本然之性이고 純善인데 비해서 氣는 氣質之性으로서 선과 악의 구분이 있게 된다. 따라서 氣가 밝으면 선하고 기가 어두우면 악한 것이지, 氣라고 해서 반드시 악한 것은 아니다."(이강식李康植 지음,『韓國古代組織思想史』, 145-146쪽)

고 얇으면 천하게 되며, 정을 축적하고 보호하면 성과 명을 보존하여 건강하게 장수하게 된다.

그러므로 삼관은 본래적으로 선하고 쉽게 소멸하는 않는 것이지만, 신체를 가진 인간으로 들어와서 표출될 때는 각기 분별이 따르게 되기 때문에 선해지기도 하고 악해지기도 하며, 잘 보존될 수도 있지만 쉽게 훼손되기도 한다.

삼신의 본성을 회복하는 길

삼신으로부터 부여 받은 생명의 본성을 잘 보존하여 선한 인간, 참 인간이 되기 위해서는 어떻게 해야 하는가? 물론 여러 방면의 길이 있겠지만 그 중의 하나는 일심으로 하는 수행 공부를 통해서 가능하다. 수행공부는 삼신을 지키는 요충인 인간 본연의 삼관(성, 명, 정)으로 돌아가 삼신의 진성을 회복하고, 나아가 삼신하느님의 진리를 체득하여 그와 하나가 되는 길이다. 왜냐하면 삼관이 삼방으로 탈바꿈되었을지라도 그 근본을 말하면 삼신하느님의 정신에서 비롯된 것이기 때문이다.

먼저 참 인간이 되는 길은 삼신을 지키는 요충인 본연의 삼관으로 복귀하는 것이다. 그러기 위해서는 삼관이 개별적인 생명으로 전화된 삼방, 즉 선한 마음[善心], 맑은 기운[淸氣], 후한 신체[厚身]의 상태를 지속적으로 유지해야 한다. 이 길로 나아가는 참된 길은 지감止感, 조식調息, 금촉禁觸이라는 삼문三門

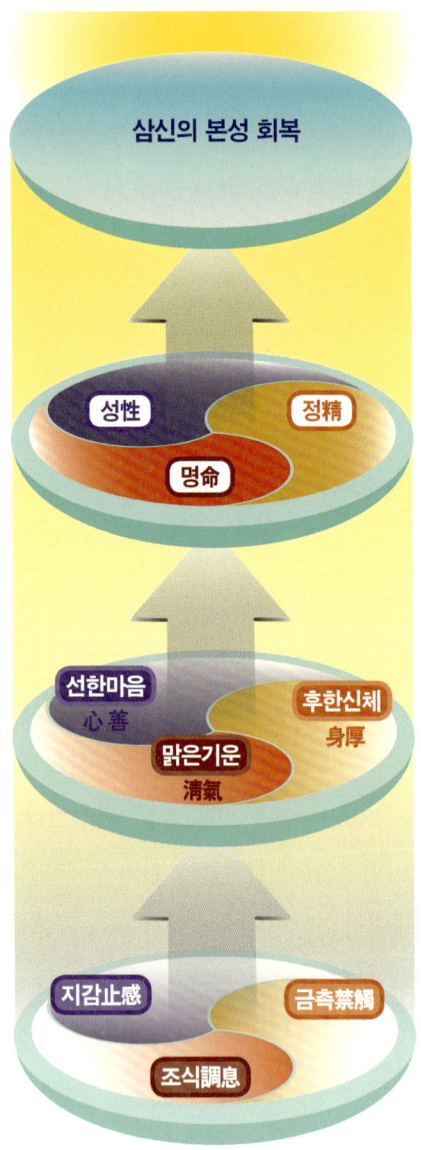

●**삼신의 본성을 회복하는 길**…인간은 수행을 통해 삼신의 광명과 일체가
됨으로써 성통공완을 이룰 수 있다.

의 수행법이다. 삼문에 대해 『태백일사太白逸史』에는 다음과
같이 기술하고 있다.

> "'감·식·촉'은 삼문이니, 문이라 함은 도를 행하는데 변하지
> 않는 법이다. 느낌은 숨 쉼을 떠나지 않으며 숨 쉼은 느낌을 떠
> 나지 않으니 부딪힘은 그 가운데 있다."[34]

감感이란 마음에서 일어나는 기쁨, 두려움, 슬픔, 성냄, 싫
음, 탐냄 등이다. 지감은 이들이 일어나는 것을 모두 멈추게
하는 수행이다. 식息이란 향내, 구린내, 추위, 더위, 습기, 벼락
등을 뜻한다. 조식은 이들을 균형 있게 조화調和하는 수행이
다. 촉觸은 소리, 빛깔, 냄새, 맛, 저촉, 음울 등이다. 금촉은 이
들과 접촉을 금하는 수행이다. 한마디로 말해서 지감은 느낌
을 그치는 마음공부로 참된 성性을 보는 것이고, 조식은 숨을
고루는 공부로 참된 명命을 얻는 방법이며, 금촉은 부딪침을
금하는 공부로서 참된 정精을 얻는 방법이다.

개별적인 육신을 갖고 살아가는 대부분의 사람들은 선하고
악한 마음, 맑고 탁한 기운, 두텁고 경박한 신체가 서로 섞여
있는 채 태어나서 살기 때문에, 자라고 늙으며, 병고와 죽음의
고통으로 떨어지게 마련이다. 참 수행은 느끼지 않아야 할 느

---

34 안경전 역주, 『환단고기』, 290쪽 : "感息觸爲三門 門爲行途之常法 感不離
息 息不離感 觸在其中(『태백일사太白逸史』「삼신오제본기三神五帝本紀」)

낌[感]을 멈추고, 고르지 않은 숨[息]을 고르게 하며, 부딪히지 않아야 할 부딪힘[觸]을 금하게 하는 것이다. 그래서 수행을 잘하는 길은 자신의 마음과 행동을 변화시켜 반드시 마음을 맑게 하고, 말을 하지 않으며, 호흡을 고르게 하면서 정기를 축적하고 보전하는 것이다. 그렇게 하면 삼신하느님의 광명이 회복되어 참된 성품이 트이고[性通] 심신이 잘 닦여져 모든 공功을 완수할 수 있게 된다.

수행의 궁극 목적은 무엇일까? 그것은 삼신하느님의 마음자리로 돌아가 그와 일체가 되는 것이다. 그렇게 되면 인간은 본연의 생명을 건강하게 보존하여 장수하거나 늙어죽지 않는 삶을 누릴 수 있게 된다. 그것은 인간 생명으로 이화된 삼신하느님의 참 본성을 회복함으로써 찾아오는 것이기 때문이다.

3. 우주만물의 주재자 삼신상제

현대의 진화론적 사고에 젖어 있거나 유물론에 심취해 있는 사람은 대부분 우주 전체를 관할하여 주재하는 인격자란 실재하지 않는다고 주장한다. '우주cosmos'는 오직 말뜻 그대로 물리법칙이나 "자연선택natural selection"을 통해서 자동적으로 질서를 유지한 채 창조 진화해 가는 과정이라고 주장할 수 있다는 뜻이다. 반면에 종교인이거나 유심론적인 사고로 무장된 사람은 우주전체의 창조변화와 그 질서가 지속될 수 있도록 하는 궁극의 근원, 즉 전체를 관할하여 경영하는 최고의 인격자가 존재하고 있음을 상정하게 된다. 최고의 인격자란 일반적으로 하늘나라에 거주하는 지존무상의 하느님을 말한다.

하늘나라는 신명神明이 머물러 사는 곳이다. 신명이란 주로 영적인 광명으로 된 신을 뜻한다. 이들이 머물러 사는 곳이 신국神國이라 얘기다. 신국에는 뭇 성신들, 한마디로 말해서 다신多神이 거주하고 있다. 다신들 중에는 도격과 위격에 있어서 최고의 주재자가 실존한다. "하늘은 말이 없지만 상제님께서 조화로써 다스리시느니라."(『도전』 11:102:7)고 하였듯이, 상제는 바로 지존무상의 인격자이다. 즉 상제는 하늘과 땅, 인간의 변화질서가 막힘없이 운행되도록 신들과 만유의 변화질서를 총체적으로 관장하여 주재하는, 즉 억지로 함이 없이 되게 하는[無爲以化] 하늘 임금이다. 하늘 임금은 삼신이 스스로 화현化現하여 형체를 가지고 하늘에 실재하는 주재자이며, 마치 집주인이 집안 전체와 구성원들을 맡아 관리하는 것처럼, 전체 우주의 참 주인으로서 무소불능의 조화를 부려 천지만물을 주재하여 다스리는 최고의 통치자라 할 수 있다.

삼신상제는 지존무상의 인격신

앞에서 언급해 보았듯이, 우주세계에서 온갖 종류의 생명이 끊임없이 창조되고 변화해가는 까닭은 조물주 삼신의 작용에 의한 것이다. 그런데 사람으로 왔다가 천상으로 돌아간 신명이 실존한다. 이들을 동방 한민족의 생활문화에서는 조상신으로 받들어 모셔졌다. 이로부터 천상에는 인류의 시원조상을 비롯하여 수없이 많은 인격신이 존재함을 추론해볼 수 있다. 이러한 추론은 곧 인류의 문명이 태동하던 옛적부터 개별적인 인격신이 수없이 많음을 짐작케 한다.

천상에 거주하는 인격신은 각자의 도격과 신위에 따라 종류별, 영역별, 지역별로 다양하게 활동한다. 그 중에는 인간의 영대를 열어 진리를 내려주며, 문명의 발전을 도모하고 관할하는 문명의 주신이 있고, '각 지방 기지基址를 맡은 기지신基址神도 있으며, 심지어 지방의 법을 맡은 집법신執法神은 물론이고, 일정한 지역이나 민족을 책임지고 다스리는 지방의 우두머리 신'(『도전』 11:253:4-7)도 있다. 또한 동서남북 방위를 관장하는 인격신, 사시사철을 주관하는 주신, 해, 달, 바람, 구름, 물, 바다 등 각자의 영역을 다스리는 주신, 명부冥府에는 인간의 생사를 총괄하여 주관하는 주신도 있다. 이들은 모두 인격신들이다.

중요한 것은 신의 세계에서도 도격에 따라 그 신위가 결정되며, 그에 따른 질서체계가 뚜렷하게 나타난다는 점이다. 이러한 체계는 어떻게 형성된 것일까?

역사시대 이후 문명화의 길로 접어든 인류는 각 지역별로 혼란된 문화의 질서를 바로 잡으면서 통치 질서를 세우기 시작했다. 이는 고대부터 수없이 등장했던 여러 나라의 통치자와 그러한 체제를 구축했던 국가경영의 역사가 잘 보여주는 사실이다. 여기에는 영적으로 개화된 인간이 신의 질서체제를 내려 받아 지상에 그러한 지배체제를 확립하게 됐다는 주장이 나올 수도 있고, 반대로 인간 세계에서 탁월한 능력을 겸비한 사람이 등장하여 여러 종족을 하나로 통일하여 국가를 이루면서 최고의 통치자로 군림하자 신의 세계에도 지상신至上神이 생겨나게 됐다는 주장도 나올 수 있을 것이다.[35]

어째든 하늘에는 한 나라를 다스렸던 제왕신도 있고, 각 민족의 창세기 하느님 노릇을 하고 있는 지방의 인격신도 있다.[36] 유대민족이 하느님으로 모시는 여호아Yahweh는 중동지방에서 일어난 그 지방의 인격신이며, 일본 민족이 하느님으로 모시는 천조대신은 일본의 지방신이고, 중국 한漢족의 지방신은 반고이며, 동방 한韓민족이 숭상하여 모시는 단군왕검은 한민족의 지방신이라 볼 수 있다.

지상 세계에서와 같이 신의 세계에도 통일된 신국을 형성하면서 여러 인격신들이 모여 한분의 통치신을 중심으로 위계질서가 잡혀졌을 것이다. 그렇다면 천상에는 각 민족의 주신인

35 何新, 洪熹 역, 『神의 起源』, 21쪽.
36 안경전, 『천지성공』, 148쪽 참조.

지방신 보다 신의 도격과 신위에 있어서 지존의 위치에 있는 최고의 통치신이 실존하고 있음을 추론해볼 수 있다. 이분은 각 민족의 지방신과 과거의 성자 및 원시의 신성들을 통일하여 주재함은 물론이고, 심지어 우주만물의 순환 질서를 총체적으로 관할하여 다스리는 지존무상의 참 하느님이어야 할 것이다.

지존무상의 참 하느님은 그 신원을 어떻게 확보하게 되는 것일까? 그것은 앞서 논의한 "삼신과 하나 되어"(『도전』 1:1:4)라는 문구에서 찾아볼 수 있다. 참 하느님은 조물주 삼신의 정신(조화, 교화, 치화의 정신)이 하나의 인격체로 온전하게 화현하여 실재하게 된 인격자이다. 즉 무형의 삼신이 스스로 온전한 인격자로 화현하여 그 모습을 드러낸 존재가 바로 삼신상제라는 말이다. 앞서 언급한 "삼신 즉 일상제三神卽一上帝"가 이를 뜻하고 있다. 한분 상제는 삼신의 조화권능을 온전히 발휘하기 때문에 삼신의 실제적인 주권자이고, 따라서 도권과 신권에 있어서 지존의 신위에 오를 수 있었을 것이다. 이런 의미에서 삼신상제는 지존무상의 하느님으로 하늘, 땅, 인간사에서 활동하는 모든 신들을 관할하는, 바로 "만물을 다스리시는 유형의 실제적인 조화주 하나님"[37]이라고 불리는 것이다.

---

37 안경전, 『개벽 실제상황』, 241쪽.

우주만물의 최고 통치자

우리가 살고 있는 현실이 그렇듯이, 사회를 구성하는 기본 단위는 개인이고, 개인이 혈연으로 이루어진 공동체는 가족이다. 가족이 모여 집단 사회를 구성하고, 집단이 모여 통일된 국가를 형성한다. 가족에는 식솔들과 가구 및 재산을 관할하는 가장이 있게 마련이고, 가장은 화목한 가정을 이루기 위해 화합으로 주재하여 다스린다. 이렇듯이 크고 작은 집단사회에도 전체 구성원을 도모하여 체계적으로 이끌어 가는 우두머리가 반드시 있다. 그렇지 않으면 그 집단은 무질서해지면서 와해될 것이기 때문이다. 덩어리가 큰 국가의 경우에도 조직적인 체계와 질서가 있고, 최고의 통수권자가 있다. 최고의 통수권자는 국가에 속한 구성원을 관리하며, 국가가 달성하고자 하는 목적을 위해 전체를 주재하여 통솔한다.

천상에 있는 신의 세계도 지상과 마찬가지로 조직적인 체계와 질서를 갖고 있고, 최고의 통수권자가 있다. 통수권자는 바로 삼신상제이다. "천지가 다 내 것이다."(『도전』 5:154:6)라고 선언한 바와 같이, 삼신상제는 하늘에 있으면서 인간의 화복禍福에 직접 관여함은 물론이고, 하늘과 땅을 비롯하여 온 우주를 다스리는 지존무상의 통치자이다.

"천상의 호천금궐昊天金闕에서 온 우주를 다스리시는 하느님을 동방의 땅에 살아온 조선의 백성들은 아득한 예로부터 삼신상제三神上帝, 삼신하느님, 상제님이라 불러왔나니 상제는 온 우주의 주재자요 통치자 하느님이니라." (『도전』 1:1:4-5)

삼신상제는 달리 옥황상제로 불리고 있다. 이는 천상의 옥좌에서 온 우주를 관할하여 통치하는 최고의 임금이 된다는 뜻이다. "그러면 옥황상제玉皇上帝란 무슨 뜻이냐? 하늘나라에서 우주의 통치자가 계신 곳을 옥경玉京이라고 한다. 그 옥경에 계신 하나님이 옥황상제님이시다. 상제는 위 상上 자, 임금 제帝 자다. 상 자는 '가장 위다, 더 이상 위가 없다, 더 높은 자가 없다'는 뜻이다. 그리고 임금 제 자는 본래 하나님 제帝 자다. 그래서 옥황상제라고 할 것 같으면 '옥경에서 만유를 다스리시는 원元 하나님', 가장 높으신 하나님을 말한다."[38] 이와 같이 삼신상제가 계신 곳을 '옥경玉京'이라 하고 그 호칭을 '옥황'이라 한 것은 '옥玉'이 가장 순수하고 지극히 존귀한, 신성한 하늘의 마음과 성정을 상징하는 것이기 때문이다.

삼신상제는 신에 대한 어떤 호칭보다 인격성과 통치성이 강조되고 있다. 상제가 인격적임은 '하느님[帝]'이라는 뜻에서 알 수 있고, 통치성은 '맡아 다스림[宰]'에서 밝혀질 수 있다. '주재主宰'란 어느 영역의 주인이 되어 주관하고 다스린다는 뜻이다. 이런 의미에서 상제는 우주의 질서 가운데 맨 위에 앉

---

38 안운산, 『天地의 道 春生秋殺』, 62-63쪽

아 삼계를 다스리는, 도격과 신위에 있어서 "천하에 예의상 둘째가 될 수 없는"(『도전』 9:67:4) 지존무상의 인격신이며, 모든 신들을 포함하여 천지만물을 주재하여 다스리는 지고지순한 실제적인 인격적 통치자이다.

하늘에 있는 주재자 상제가 최고의 인격적 통치자임은 역사적 전거에서도 그 흔적을 찾아볼 수도 있다. 상제란 말은 동북아의 갑골문甲骨文이나 여러 경전經典에서 자주 등장하는데, 여기에서 상제는 지상의 최고 권력자인 '왕'에 대응하는 신으로 천지만물을 다스리는 최고신으로 등장한다. 상제는 천상에 있으면서 각 영역의 신들에게 명을 내려 대자연의 바람, 구름, 번개, 비 등을 주재한다. 상제는 하늘과 인간세계에서 벌어지는 일에 대해 잘잘못을 판별하여 상벌을 내리고, 여러 방면에서 감정과 의지를 가진 인격적 통치자의 모습으로 표현된다.[39] 그래서 원시유교의 전통에서는 상제를 형상화시켜 기술하지는 않았으나 외경畏敬과 제의祭儀의 신앙적 대상으로 숭배되기도 하였다.[40]

그런데 고대 동북아의 문화 정세는 점차 인문화 되고, 역사와 사회질서가 정비되고 통합되면서 문명화의 길로 접어들게된다. 이후부터 하늘에서는 상제가 만유 생명을 주재하여 다

---

39 하야시 나미오, 박봉주 옮김, 『중국 고대의 신神』, 198-200쪽 참조
40 금장태, 「유교의 천天·상제관上帝觀」, 『신관의 토착화』, 84-85쪽 참조

스리고, 땅에서는 제국의 황제가 상제의 뜻을 받들어 국가와 인사를 다스린다는 천제문화가 일찍부터 동북아에 정착되어 꽃을 피우기 시작했다.

뒤에서 살펴보겠지만, 천제문화는 제국의 황제가 되는 임금이 하늘에 계시면서 세상을 굽어 살피는 상제님에게 제사를 모심으로써 그분의 적통자이고 그 권위를 만백성에게 알리는 의식이 핵심이다. 즉 "황제는 상제님의 대행자로서 천제의 제사장이었고, 상제님과 백성을 이어주는 중매자였다. 그들은 상제님에 대한 학문과 수행을 통해 대자연의 도를 터득하여 덕으로써 천하의 백성들을 다스렸으며, 상제님의 뜻이 담긴 경전을 통해 백성들이 삼신 상제님의 뜻에 따라 살아가도록 하늘의 가르침을 내려주었다."[41] 제국의 황제가 상제님의 다스림을 대행하여 지상의 백성들을 직접 다스림은 곧 상제님의 아들로서 최고의 통치자임을 보여준다.

삼신상제의 통치방식

삼신상제는 천지만물을 어떤 방식으로 주재하여 통치하는 것일까? 삼신상제가 천지만물을 다스리는 방식은 '생겨나라 하면 생겨나고, 없어져라 하면 없어지고, 그렇게 변화해 가라 하면 변화되는' 그런 것이 결코 아니다.

---

41 안경전,『개벽 실제상황』, 247쪽

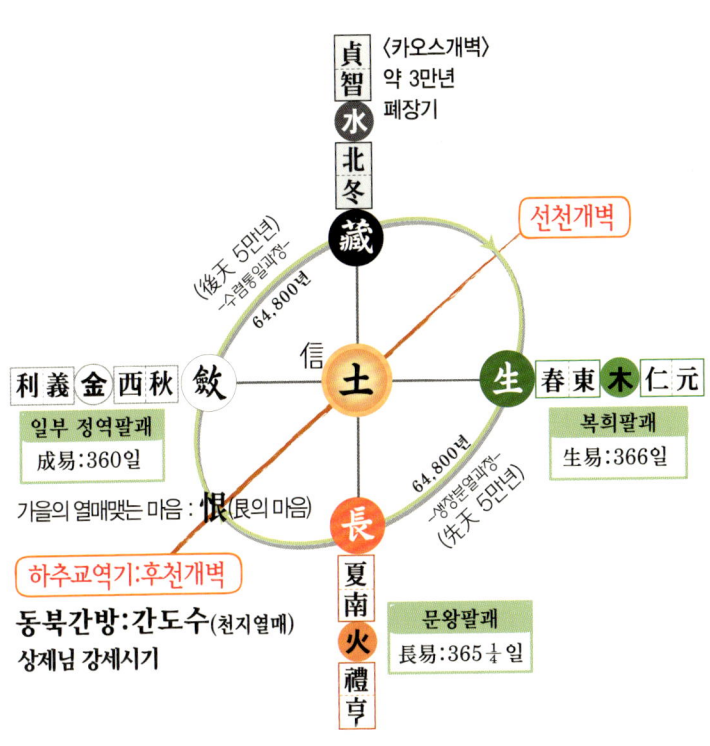

〈카오스개벽〉
약 3만년
폐장기

貞 智 水 北 冬 藏

선천개벽

(後天 5만년)
─수렴통일과정─
64,800년

信 土

利 義 金 西 秋 斂

일부 정역팔괘
成易:360일

가을의 열매맺는 마음 : 恨(艮의 마음)

하추교역기:후천개벽

동북간방:간도수(천지열매)
상제님 강세시기

生 春 東 木 仁 元

복희팔괘
生易:366일

64,800년
─생장분열과정─
(先天 5만년)

長 夏 南 火 禮 亨

문왕팔괘
長易:365¼일

●129600년을 한 주기로 순환하는 우주 1년… 만유의 생명은 생장염장
의 이치로 순환하는데, 우주의 주재자 상제님은 이러한 순환질서를 무위
이화로 주재하신다.

"상제님이 만유를 다스린다는 것은 만유를 임의대로 부린다는 것이 아니라, 농부가 자연 이법을 응용해서 농사를 짓듯이 그렇게 다스리는 것을 말한다."[42]

"나는 생장염장生長斂藏 사의四義를 쓰나니 이것이 곧 무위이화無爲以化니라. 해와 달이 나의 명命을 받들어 운행하나니 하늘이 이치理致를 벗어나면 아무 것도 있을 수 없느니라."(『도전』 2:20:1-3)

자연의 변화이법은 낳고[生] 기르며[長], 수렴하여 결실을 맺어[斂] 다음의 탄생을 준비하는[藏] 방식으로 순환한다. 식물이든 동물이든 생겨나서 성장의 과정을 밟으며 개체보존을 위한 씨(결실)를 남기고 죽지만, 그 씨가 다시 생장염장의 과정에 따라 순환하는 것은 자연의 엄정한 진리이다. 마찬가지로 천체 별들의 운행이라든가, 해와 달이 뜨면 진다든지, 춘하추동의 사철이 생기는 것도 자연의 순환질서의 틀을 벗어날 수 없는 것이다. 그래서 생장염장의 네 단계로 순환하는 자연의 이법은 우주만물을 길러내는 근원적인 변화정신이며, 공명정대하고 사사로움이 없이 우주 전체에 적용되는 순환변화의 원리이다.

그런데 여기서 짚고 넘어가야할 중요한 사실이 있다. 예컨대 갑자기 비구름이 생겨 폭우가 내리거나, 지진이나 화산이 폭발하는 자연 현상이 그것이다. 이러한 사건들은 신에 의해

---

[42] 안운산, 『天地의 道 春生秋殺』, 62-63쪽

일어나는 사건들일까, 아니면 자연의 필연적인 법칙에 따라서 일어나는 것일까 하는 의문들이다.

영적으로 무장된 인간에게 신안이 열려 신도神道의 영역을 들여다보면, 천지간에는 각 영역별로 그 질서를 주재하는 주재처가 있고, 거기에는 도격과 위격에 따라 각 분야를 맡아 통제 관장하는 주신이 있음을 직감하게 된다. 즉 자연에서 벌어지는 모든 변화 현상은 신도의 주재 처에 있는 주신이 그러한 변화가 일어나도록 주재한다고 보게 되는 것이다.

각 영역을 담당하는 주신은 임의대로 자연적인 현상들이 일어나도록 주재하는 것일까? 아니다. 천상에는 주재처의 주신들에게 명을 내려 만유생명의 질서를 주재하여 다스리는 최고의 주재자가 있다. 마치 한 나라에는 최고의 통수권자가 있듯이 말이다. 이분이 바로 지존무상의 삼신상제이다. 그러므로 천지 안에서 일어나는 모든 창조 변화는 삼신상제의 주재 영역을 벗어날 수가 없는 셈이 된다.

삼신상제는 우주의 전 영역을 어떻게 주재하여 통치하는 섯일까? 통치 방식은 한마디로 말해서 무위이화無爲以化이다. 무위이화란 말 그대로 인위적으로 억지로 하지 않아도 저절로 그렇게 된다는 뜻이다. 이른바 신도로써 주재하는 무위의 통치, 이것이 바로 삼신상제의 주재방식인 것이다.

"신도神道는 지공무사至公無私하니라. 신도로써 만사와 만물을 다스리면 신묘神妙한 공을 이루나니 이것이 곧 무위이화니라."

(『도전』 4:58:3)

천지만물을 다스리는 삼신상제의 무위이화는 조화造化 권능에 있다. "하늘은 말이 없지만 상제님께서 조화로써 다스리시느니라."(『도전』 11:102:7)고 하였듯이, 삼신상제의 권능은 삼신의 조화권능을 그대로 발휘하는 데서 나온다. 그래서 삼신상제는 조물주 삼신의 조화의 신권, 교화의 신권, 치화의 신권을 그대로 쓰는 천지대권의 원천으로 규정된다. 이런 맥락에서 "대자연 속에 충만한 삼신의 창조이법과 조화권능이 오직 우주의 주권자이신 아버지 상제님을 통해 온전히 드러나게 된다."[43]고 말하는 것이다.

---

43 안경전, 『개벽실제상황』, 246쪽

三

진리론의 근거는 삼신

III. 진리론의 근거는 삼신

근대의 철학자 헤겔G.W.F. Hegel은 『정신현상학*Phänomenologie des Geiste*』에서 "진리는 전체이다"라는 명제를 남겼다. 이 말의 핵심은 무엇을 뜻하는 것일까? 우리가 인위적으로 구분해서 말하는 자연, 인간, 문화 등은 편의상 나눈 것이지 사실은 모두 하나로 뒤엉켜 있는 유기적인 전체이다. 진리라는 것은 하나의 전체에 대한 것이며, 이른바 자연, 인간, 문화 등의 부분에 대한 올바른 이해 역시 하나의 전체에 대한 진리에 의해서만 제대로 인식되어질 수 있다. 진리는 전체라는 말은 그런 의미이다.

역사가 시작된 이래 진리에 눈을 뜨기 시작한 인류는 바로 전체적인 하나의 진리, 즉 우주만물의 무한한 창조변화의 근원에 대한 진리를 밝히려고 무던히도 애써왔다. 그것은 통상 형이상학적 진리의 탐구라 일컫는데, 하나의 전체에 대한 근원적인 진리가 그것이다.

천지만물에 대한 창조변화의 근원은 삼신이다. 즉 삼신은 하나요 전체에 대한 진리 근거가 된다. 여기로부터 우리는 삼신의 조화, 교화, 치화의 정신에 상응하는 세 영역, 즉 존재론, 현상론, 그리고 국가의 통치체제의 이념에 적용하여 삼신을 이해해 볼 수 있다. 부연하자면 삼신은 정태적인 구조의 차원에서 존재론의 진리로 정초定礎해 볼 수 있고, 동태적인 구조의 차원에서 현상론의 진리로 규정規定해 볼 수 있으며, 문명 질서의 차원에서 통치체제의 이념으로 정립해볼 수 있다는 뜻이다.

존재론의 진리는 삼신의 창조정신을 중심축으로 하여 전개된 존재 근거의 원리가 된다. 이는 존재론의 원리로 이법화된

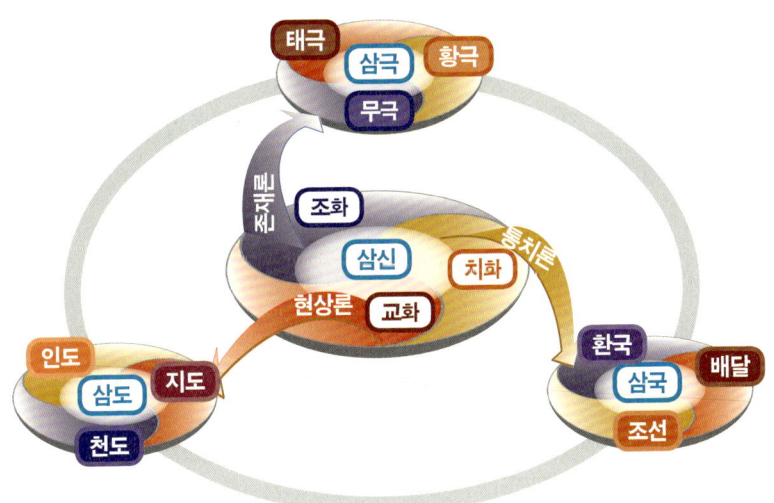

●삼신에 근거한 삼극, 삼도, 상고시대의 삼국

삼극三極사상으로 정리해볼 수 있다. 현상론의 진리는 삼신의 변화정신을 중심축으로 하여 전개된 육성育成과 가르침의 원리가 된다. 이는 육성과 가르침의 덕성이 현상론으로 이법화된 삼도三道사상으로 전개해볼 수 있다. 통치체제의 이념은 삼신의 통치정신을 중심축으로 하여 건국된 국가의 체제로 전개해볼 수 있다. 이는 삼신의 광명을 문명질서의 이치로 열어간 동북아 고대국가의 요체, 즉 환국, 배달, 고조선의 통치이념의 정립에서 그 자취를 찾아볼 수 있다.

1. 존재론의 원리, 삼극三極

삼신의 이론적 핵심사상은 삼신일체론에 있다. 이는 하나의 본체가 작용으로 드러날 때에는 셋으로 펼쳐짐을 뜻한다. '하나'와 '셋'의 관계에 대하여 동북아 한민족의 경전으로 알려진 《천부경天符經》에는 "하나는 시작이나 무에서 비롯한 하나이니 삼극으로 나누어진다 하더라도 그 근본은 다함이 없다"[44]라고 기록되어 있다. 즉 하나는 창조변화의 근원으로 시작이라고 할 수 있으나 아직 작용으로 드러난 것이 아니기 때문에 없다고 할 수 있다. 하지만 이것이 실제로 드러날 때에는 삼극三極으로 나뉘어 각기 작용한다. 이러한 사실은 "한 뿌

---

[44] 안경전 역주, 『환단고기』, 456쪽 : "一始 無始一 析三極 無盡本"(『태백일사太白逸史』 「소도경전본훈」)

리의 기운[一氣]으로부터 셋으로 쪼개지니 기는 곧 극이요 극은 곧 무이다."[45]라고 한 것과 맥을 같이하고 있다.

일신은 현실적인 작용으로 드러날 때에는 각기 셋으로 용사한다. 하지만 셋으로 나뉘어 각기 작용하더라도 그 본체는 하나인 셈이다. 이것이'일신 즉 삼신'의 의미이다. 이를 존재론의 진리로 말한다면 '일극 즉 삼극三極이요 삼극 즉 일극'의 이법으로 정의해볼 수 있다. 달리 말하자면 삼신의 창조변화의 정신이 그 작용으로 드러남에 있어서는 개별적인 세 가지

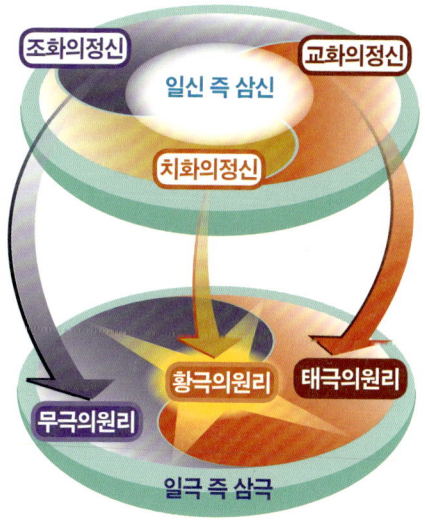

● 삼신에 근거한 삼극의 원리

45 위의 책, 472쪽 : "自一氣而析三 氣卽極也 極卽無也"(『태백일사太白逸史』「소도경전본훈蘇塗經典本訓」)

덕성으로 펼쳐지듯이, 이것이 존재론의 진리로 이법화되면 삼극론으로 정립되어 인식된다는 뜻이다.

삼극三極의 관계 분석

삼신은 조화의 신, 교화의 신, 치화의 신으로 작용하여 만유 생명이 창조변화하는 근거가 되는데, 조화신의 섭리가 이법 화된 진리는 무극無極의 원리이고, 교화신의 섭리가 이법화된 진리는 태극太極의 원리이며, 치화신의 섭리가 이법화된 진리 는 황극皇極의 원리에 대응하는 것으로 정의해 볼 수 있다. 한 마디로 말해서 삼신의 창조변화의 섭리는 삼극三極론으로 정 리되고, 이를 통해 삼신에 대한 창조변화작용의 실상을 논리 적으로 인식할 수 있게 되는 셈이다.

삼극이란 무엇을 말하는가? 그것은 무극無極, 태극太極, 황극 皇極으로 분석되는데, 여기에서 하나의 극이 삼극으로 이법화 된다는 것은 전체로서의 하나가 셋으로 쪼개져 독립적으로 각 기 존재한다는 뜻이 아니다. 전체로서의 하나는 바탕으로서 의 본체[體]가 되고, 이것이 셋으로 분석됨은 실질적인 작용[用] 으로 드러난다는 뜻으로 이해해야 한다. 말하자면 존재의 근 원적인 본체가 되는 일극을 삼극으로 분석하여 말하는 것은 세 가지의 관점에서 논리적으로 파악한 것이지, 그 자체를 달 리한 것은 아니라는 뜻이다.

"천지의 이치는 삼원三元이니 곧 무극無極과 태극太極과 황극皇極이니라. 무극은 도의 본원本源이니 십토十土요, 태극은 도의 본체로 일수一水니라. 황극은 만물을 낳아 기르는 생장生長 운동의 본체니 오토五土를 체體로 삼고 칠화七火를 용用으로 삼느니라."(『도전』 6:1:1-3)

여기에서 삼원三元이라 함은 '가장 근본이 되는 세 가지'란 뜻이다. 이는 존재론의 으뜸이 되는 세 가지의 원리, 즉 무극, 태극, 황극으로, 조화의 신은 무극의 존재 원리에, 교화의 신은 태극의 존재 원리에, 치화의 신은 황극의 존재 원리에 배합하여 이법화된 삼극을 가리킨다.

조화의 신이 이법화된 무극은 근원의 측면에서 보면 창조변화하는 천지만물의 바탕자리이지만 현상의 측면에서 보면 도道의 완성이라는 두 의미를 내장하고 있다. 교화의 신이 이법화된 태극은 그것들이 창조 변화하여 전개되어 갈 생장의 본

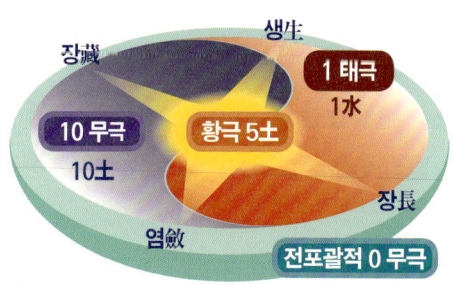

● 삼극의 원리에 따라 순환하는 자연

체이다. 이를 근원의 측면에서 보면 음양의 기운이라 할 수 있지만, 현상의 측면에서 보면 창조변화의 출발이자 목적에 도달하기까지의 과정을 의미한다. 치화의 신이 이법화된 황극은 그것들이 생장의 정점에 이르도록 이끌어 가는 운동의 본체이다. 이를 근원의 측면에서 보면 무극과 태극을 조율하는 힘으로 작용하지만, 현상의 측면에서 보면 주재의 원리이다. 그럼에도 무극의 전체적인 바탕과 완성, 태극의 생장의 기운과 변용과정, 황극의 조율과 주재의 목적으로 이끌어 감은 전체적으로 볼 때 하나의 연속적 과정으로 파악할 수 있다.

무극, 태극, 황극의 존재 이법은 어떻게 연속성을 갖는다고 말해볼 수 있을까? 무극의 존재 이법은 창조의 본원이면서 태극의 공空을 창조하는 것이다. 이것은 무극의 외화작용으로 말미암아 창조의 모든 정보를 마무리하는 단계이고, 그 끝은 바로 태극의 공이라 할 수 있다. 태극의 공은 창조의 씨앗이 싹트기 직전의 상태를 지칭하는 것으로 무극의 외화작용의 끝이자 태극의 내변작용의 시작이지만, 그 과정은 음양의 기운으로 말미암아 만유생명을 낳아서 기르는 외화작용의 법칙으로 전개된다. 즉 생장분열의 기운이 그것이다. 그리고 음양의 외화작용을 조율하여 창조의 완성에까지 주재하는 힘의 법칙은 바로 황극이다. 황극은 내변작용에 의한 조율과 외화작용에 의한 주재 원리를 말한다. 음양의 분열 기운이 조금이라도 있으면 아직 황극이고, 분열 기운이 수렴 통일의 기운으로 전환되는 직후부터 다시 무극의 내변작용이 시작된다. 무극, 태극, 황극의 관계를 시간성의 차원에서 말하자면, 무극의 '열림'은 태극이고, 태극은 바로 천지만물이 태동하는 음양질서의 열림이다. 그리고 무극의 열림과 이로써 전개되는 태극을 본체로 하고, 이를 근거로 하여 천지만물을 조화롭게 성장하도록 주재하여 완성 직전에 까지 이끄는 힘이 바로 황극이라는 뜻이다.[46]

이와 같이 삼신의 정신이 이법화된 존재론의 진리, 즉 삼극론은 고도의 추상으로 파악되는 원리이기 때문에 단순한 이성적 사유의 신념으로 받아들이기에는 너무도 난해하다. 어떻게 하면 삼극론의 원리를 보다 쉽게 이해해 볼 수 있을까?

비유가 적절할지는 모르겠지만, 건축능력을 가진 어떤 기술자가 여러 가지 재료를 동원하여 쓸만한 집을 건축한다고 해보자. 기술자(창조주)는 건축에 들어가기에 앞서 집을 어떻게 만들어야 인간에게 유용한 은신처로 활용할 수 있을 것인가에 대한 목적을 먼저 염두에 둔다. 우선 목적에 적합한 집을 건축하기 위해서 제작자는 많은 재료와 도구들을 염두에 두고, 이들 중에서 어떤 재료를 쓸 것인가에 대한 정보를 파악하고 수집한다. 그런 후에 어떻게 만들어야 가장 유용하고 근사한 집

---

46 문계석, 「무극·태극·황극의 존재론적 근거」, 127쪽 참조

이 될 것인가에 대한 설계에 들어간다. 집을 건축하기 위한 전체적인 자료 준비와 완성된 설계도는, 조물주 삼신의 정신으로 보면 조화신의 작용으로 나온 것이라 할 수 있고, 존재론의 진리로 보면 조화신이 이법화된 무극의 원리라 할 수 있다.

그 다음에는 준비된 자료를 가지고 집을 실제로 건축하는 단계이다. 제작자는 맨 먼저 제작활동에 적합하게 사용될 수 있는 재료와 도구들을 선택하고, 설계도에 기록된 정보에 따라 재료들을 규격에 맞게 자르고 가공하면서 순차적으로 하나씩 짜 맞추는 작업공정으로 들어간다. 이것이 창조변화의 과정이다. 자연적으로 산출되는 모든 것은 바로 음양기운의 에너지가 동정의 리듬을 통해 형상화되는 과정이라 볼 수 있다. 이렇게 음양 동정의 리듬에 의해 일정한 형태로 만들어지는 창조과정은, 조물주 삼신의 정신으로 보면 교화신의 육성과 가르침의 작용으로 나온 것이라 할 수 있고, 존재론의 진리로 보면 교화신이 이법화된 태극의 원리라 할 수 있다.

그리고 제작자는 설계 정보에 따라 집이 건축되어 가는 과정에서 자료들이 제대로 가공되었는지, 제자리를 찾아 잘 짜여지고 있는가를 전체적으로 조율하면서 시작부터 마지막 단계에 이르기까지 마름질하여 제작의 목적 달성으로 이끌어 간다. 자연적으로 창조되는 경우에는 존재 정보에 따라 음양 동정의 과불급을 조율하면서 정상적인 성장으로 이끌어 결국 창조의 목적에 도달할 수 있도록 주재하는 원리가 바로 황극이다. 조율과 주재의 목적으로 이끌어 감은, 조물주 삼신의 정신으로 보면 치화신의 작용으로 나오는 것이라 할 수 있고, 존재론의 진리로 보면 치화신이 이법화된 황극의 원리라 할 수 있다.

제작자에 의해 인위적으로 만들어지는 것이든 삼신의 창조 변화의 작용에 의해 자연적인 과정을 거치는 것이든, 현실적으로 창조변화되는 것들은 이런 공정과정을 거침으로써만 일정한 목적물로 형상화되는 것들이다. 이러한 의미에서 삼신의 정신이 이법화된 존재론의 진리는 삼극, 즉 무극, 태극, 황극의 원리로 정립될 수 있고, 이를 근거로 해서 모든 것들이 창조, 성장, 창조의 목적에 도달, 그리고 새로운 창조라는 방식으로 순환하게 됨을 인식할 수 있게 된다.

무극의 원리

조화의 신이 이법화된 존재론의 진리는 무극의 원리이다. 무극의 원리가 의미하는 것을 좀 더 확장하여 이해해 보자. 무극無極은 글자 그대로 해석하면 '없을 무' '다할 극' 자로, '다함이 없음, 한계가 없음'을 뜻하며, 하나면서 모든 것이고 모든 것이 곧 하나라는 의미를 내장하고 있다. 이런 의미에서 무극은 전포괄성全包括性의 원리라고 말할 수 있을 것이다.

무극의 전포괄성은 현실적으로 일어나는 모든 창조활동의

시작과 완성의 본원本源임을 함장하고 있다. 즉 현실적으로 드러나는 창조활동의 시작은 모두 무극을 바탕으로 해서 시작한다. 이는 무극의 원리를 전체성의 입장에서 말한 것이다. 반면에 현실의 창조활동이 그 목적에 도달하면 더 이상의 활동은 없고 오직 그 목적의 존속存續만이 있다. 이 경우는 무극의 내변 작용만이 있다는 뜻이다. 그래서 무극의 존재원리는 현실적인 창조활동이 시작하기 전의 바탕이라는 의미에서는 전체이지만, 활동의 목적으로 매듭지어졌다는 의미에서는 존재의 목적이요 지속을 뜻한다고 말할 수 있다. 즉 무극의 원리는 전자의 의미에서 볼 때 아무 것도 결정되지 않은 상태의 '무無'로, 후자의 의미에서 볼 때 성숙으로 존속한다는 의미의 '완성체'로 규정해볼 수 있다.

무극의 원리를 '무'로 규정함은 어떤 의미인가를 구체적으로 말해 보자. 무극은 천지만물이 생겨나기 이전에는 딱히 '무엇으로 결정되어 창조된 것이 아니기'때문에 아직'없는 것[無]'이라고 할 수 있다. 하지만 장차 무엇이 될 전체적인 바탕으로 존재해야 한다. 전체적인 바탕이라는 의미의 '무'는 규정성의 근거에 대한 비규정성의 근거이다.

어떤 측면에서 보면 무극은 "천하의 만물은 모두 유有에서 생겨나고, 유는 무無에서 생겨난다."[47]고 할 때의 '무'에, "색

---

[47] "天下萬物生於有 有生於無"(노자老子, 『도덕경道德經』, 40장)

은 즉 공이요 공은 즉 색이다"[48]이라고 할 때의 '공'에 비유해볼 수 있다. 그러므로 무극은 앞으로 창조의 작용이 일어나게 될, 그러나 아직 무엇이라고 말할 수 없는 이러저러한 바탕을 뜻한다. 이를 우주변화의 상수象數 원리로 표현하면 '영무극零無極'으로 표기 할 수 있다. 이러한 의미에서 무극은 모든 창조 활동이 일어나게 되는 궁극의 존재 본원이 라고 말하는 것이다.

또한 무극의 원리는 현실적으로 창조활동을 끝낸 후 하나의 완성체로의 존속을 의미한다. 즉 완성체의 의미는 우주변화의 상수 원리로 표현하자면, 완성수인 '십무극十無極'이다. 이는 천지만물의 창조변화는 모두 무극을 근원으로 해서 시작하며 무극으로 돌아와 완성된다고 할 때의 완성수의 의미이다. 달리 표현하면 시작의 끝은 완성이고 완성의 끝은 시작이다. 이러한 원리를 노자는 "만물은 왕성하게 번성하다가 결국은 각각 근원인 뿌리로 돌아간다. 그 뿌리로 돌아간 것을 고요함이라고 하니 이를 일러 명命을 회복하는 것이라고 한다."[49]라고 하고, 창조되는 모든 것은 무극을 근원으로 해서 전개되었다가 결국은 근원인 무극으로 환원된다는 의미의 "복귀어무극復歸於無極"[50]이라고 표현했다.

---

48 "色卽是空 空卽是色"(『반야심경般若心經』)

49 "夫物 芸芸 各復歸其根 歸根曰靜 是謂復命"(노자老子, 『도덕경道德經』16장)

50 노자老子, 『도덕경道德經』28장

요약해 보자. 무극의 원리는 모든 창조변화가 일어나는 전포괄적인 존재의 의미를 갖지만, 바탕의 의미에서 보면 본원이요 하나의 의미에서 보면 완성체이다. 이러한 의미에서 삼신의 조화 섭리가 이법화된 무극의 원리는 현실적인 것들이 끊임없는 창조변화가 일어날 수 있는 본원으로 시작과 완성의 근거이며, 곧 삼신에 대한 논리적인 인식의 근거가 되는 것이다.

태극의 원리

교화의 신이 이법화된 존재론의 진리는 태극의 원리이다. 태극이란 무엇을 의미하는가? 태극太極은 글자 그대로 해석하면 '클 태'자에 '다할 극'자로'다함이 없이 큼, 한계가 큼'을 뜻하며, 현실적으로 일어나는 창조변화의 원동력이라는 의미에서 음양 기운의 본체를 뜻한다.

만유생명의 창조와 변화과정은 시작이 없는 무無를 토대로 하여 나온다. 이 때의 무는 '완전히 없는 것[全無]'을 의미하지 않는다. 달리 표현하자면 존재 가능성으로서의 무를 뜻한다. 그래서 태극의 원리는 현실의 측면에서 볼 때, 무극의 열림을 본체로 하여 시작하며, 창조의 생명이 열리고 그 변화의 완성에 도달하기까지 분열 성장의 과정에 대한 근거가 된다. 달리 표현하자면 무극을 본원으로 하여 나온 태극의 작용은 천지만물의 창조를 최초로 발현시키는 생장변화의 존재원리가 되는 것이다.

현실적인 창조변화의 생장원리는 태극인데, 이는 우주변화의 상수象數원리로 말하자면 일태극一太極을 뜻한다. 여기에서 상수 '1'은 만유생명을 탄생시키는 본체 수數를 상징한다. 그런데 창조의 본체 수가 실제로 탄생과 성장의 원리로 전개될 때에는 음양陰陽의 창조기운으로 드러난다. 태극이 음양陰陽이라는 상반된 기운으로 작용함을 『주역周易』은 "역에 태극이 있으니, 태극은 양의兩義를 낳는다."[51]고 표현하였다. 여기에서 '양의兩義'는 음양의 움직임과 정지함을 의미하는 '동정動靜', 분열과 수렴을 의미하는 '변화變化'를 포함한다. 특히 음양의 동정을 『주역周易』에서는 "한 번 음하고 한 번 양하는 것을 일러 도라고 한다[一陰一陽之謂道]"로 정의되고 있다. 이와 같이 천지만물의 창조변화가 이루어지는 길은 음양의 동정변화로 이루어진다는 것이다.

창조변화의 본체를 의미하는 태극의 원리는 실제로 물[水]과 불[火]을 상징한다. 즉 태극의 율동이 시작되면 양陽이 생하는데, 양은 태극의 내변작용에 의해 통일된 기운으로 볼 수 있다는 얘기다. 이것이 모여 고요해지면[靜] 실제로 물 기운이 되는데, 물은 태극의 율동에 의해 생겨나는 최초의 것이기 때문에 만유생명이 창조변화되는 근원적인 요소가 될 수 있다. 이것

---

51 "易有太極 是生兩儀"(『주역周易』「계사繫辭」상上)

을 달리 말하여 일태극수一太極水라 칭한다. 그런데 태극의 외화작용으로 인해 율동이 극極에 달하면 음 기운으로 변화되는데, 이를 상수로 표현하면 이화二火의 기운이라 한다. 즉 양의 기운인 물은 완전히 분열하여 본래의 자기 모습과는 정반대의 성질인 불[火]로 전환된다는 것이다. 음의 기운 또한 극에 이르면 수렴 통일하여 다시 본래의 자리로 귀환하게 되는데, 태극의 내화작용이 바로 그것이다. 즉 음의 기운이 양의 기운[水]으로 전환된다는 얘기다. 그래서 태극의 율동은 이렇게 음양으로 교차되어 전개되어 감으로 삼라만상은 탄생과 수렴의 과정으로 순환하게 되는 것이다.

태극의 음양원리를 2분법적인 틀로 분석하기도 하지만, 이를 좀 더 세분화하면 오행五行의 법칙으로도 말할 수 있다. 말하자면 천지만물의 생장 변화는 태극의 율동(음양작용)으로 인식할 수 있지만, 음양이라는 두 기운의 흐름이 서로 대립하고 융합하면서 확산되어 다섯 가지로 파악해볼 수도 있다는 것이다. 오행의 전개방식이 그것이다. 오행은 일태극수가 목기운을 낳고[水生木], 목기운이 화기운을 낳고[木生火], 화기운이 토기운을 낳고[火生土], 토기운이 금기운을 낳고[土生金], 금기운이 수기운을 낳음[金生水]으로써 순환한다. 이와 같은 오행의 순환법칙은 상생相生의 순환도라 부른다.

상생의 순환원리는 하늘의 신물神物로부터 기원한다는 「하도河圖」에 잘 나타나 있다. 「하도」는 성인聖人이 출현하여 조물주 삼신의 창조변화섭리를 간파하여 나온 도상圖上의 상수원리이다. 이를 최초로 인류에게 진리로 가르쳐 주었는데, 인류문명의 조종이라 불리는 태호太昊 복희伏羲(5:282:3)가 바로 그분이다. 복희씨伏羲氏는 「하도」를 바탕으로 하여 최초로 팔괘八卦를 그렸으며, 이로써 인류의 문명이 비약적으로 발전할 수 있는 물꼬를 텃다고 전해진다.

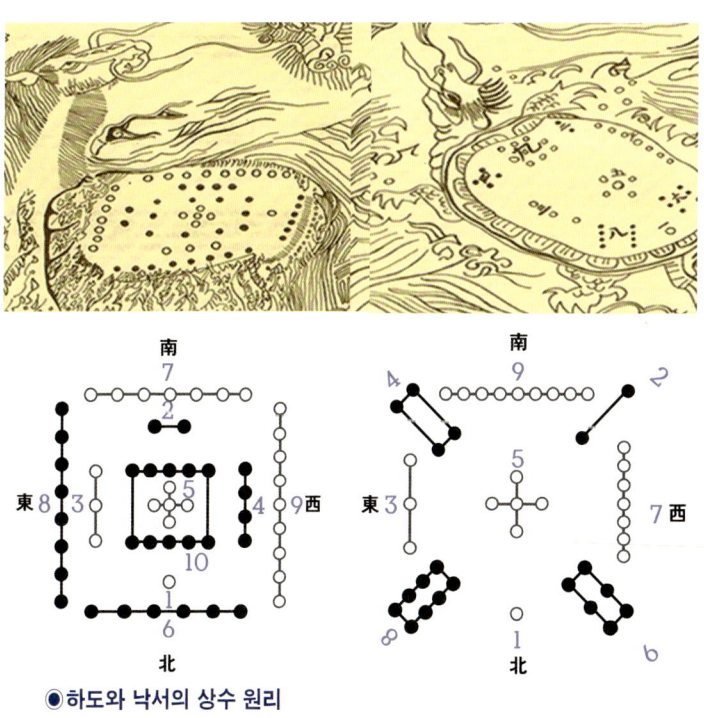

●하도와 낙서의 상수 원리

삼신의 교화 섭리가 이법화된 태극의 원리는 만유생명의 창조변화가 현실적으로 일어나는 창조변화의 본체로 정의될 수 있다. 즉 태극의 원리는 천지만물이 생장변화를 드러내는 근거가 되며, 교화신에 대한 논리적인 인식의 근거가 되는 것이다.

황극의 원리

치화의 신이 이법화된 존재론의 진리는 황극의 원리이다. 황극이 의미하는 것은 무엇인가? 황극皇極은 글자 그대로 해석하면 '임금 황'자에 '다할 극'자로 '다함이 없는 임금'을 뜻이다. 하지만 현실적으로 일어나는 창조변화에 대한 원리론의 관점에서 보면, 황극은 내적으로는 태극의 율동을 편향됨이 없이 조율하고 외적으로는 창조의 주재목적에 이르도록 이끌어 가는 운동의 본체가 된다.

천지만물은 생장염장生長斂藏으로 순환하는 창조변화의 질서를 벗어날 수 없다. 생장염장으로 순환하는 자연은 무극을 본원으로 하고, 이를 토대로 하여 작용하는 태극의 음양원리에 의해 현상으로 전개된다. 전반부의 '생장'은 태극을 본체로 하여 일어나는데, 창조된 만물이 분열 성장하는 과정이 그것이다. 후반부의 '염장'은 성장의 정점에서 수렴 통일하여 결실을 맺고, 다음의 생장을 준비하는 과정이다. 여기에서 황극의 원리는 무극을 바탕으로 하여 출원한 태극의 율동(음양의 기운)을 조절하고 통제하여 생장으로 이끌면서 다음의 수렴 통일하여 본래의 목적(완성)에 도달할 수 있도록 전체적으로 조율하여 주재하는 운동의 본체가 되는 것이다. 만약에 운동의 본체인 황극의 원리가 없다면 자연에는 무질서한 창조변화가 일어나 창조의 본래 목적에 이르지 못할 것이고, 또한 자연의 순환법칙은 성립할 수 없게 된다.

음양의 창조분열의 기운과 수렴통일의 기운을 조율하고 주재하여 순환할 수 있도록 하는 황극의 원리는 상수로 표현하면 우리는 어떻게 간추려볼 수 있을까? 우선 창조변화의 상수원리인「하도河圖」를 면밀히 살펴보자.「하도」는 생수生數 1[一陽], 2[二陰], 3[三陽], 4[四陰]와 성수成數 6[六陰], 7[七陽], 8[八陰], 9[九陽], 그리고 생수의 중성수인 5[五陽]와 성수의 중성수인 10[十陰]으로 배열되어 있음을 알 수 있다. 우주만물은 생수와 성수가 만나 탄생과 성장의 변화과정으로 돌입하는데, 생수의 정점이며 성수의 시작을 의미하는 5는 순수 정신의 중성 5토五土이다. 5토는 1[陽水]과 만나 성수 6[陰水]을 이루이 현실저인 음양의 기운을 조율하고, 2[陰火]와 만나 성수 7[陽火]을 이루어 음양의 기운을 조율하며, 3[陽木]과 만나 성수 8[陰木]을 이루어 음양의 기운을 조율하고, 4[陰金]와 만나 성수 9[陽金]를 이루어 음양의 기운을 조율한다. 그리고 천지만물은 5[陽土]가 자화하여 완전한 성수 10[陰土]을 이루게 되는데, 이것에 의해 전체적인 통일의 결실을 맺게 되기 때문에, 상수 10은 완성의 기운으로 10무극 토라고 칭한다.

주재의 원리가 되는 상수 5토 자리를 달리 표현하여 오황극五皇極이라 부른다. 오황극에 대하여 『정역正易』의 창시자 일부一夫 선생은 "십은 다시 일태극을 말함이니 일태극이 십무극이 아니면 체體가 없고, 십무극이 일태극이 아니면 용用이 없다. 합이 만나 토土가 되어 중앙에 위치하니 오황극이다."[52] 라 표현했다. 여기에서 십十이란 「하도」에서 음과 양이 동일하게 회통會通하고 있는 생수의 합[一水+二火+三木+四金=十无極]인 완전수, 즉 십무극을 말한다. 십무극과 일태극이 상호 체용體用하고 합하면 다 같이 중앙 오토五土가 중심이 되고, 오토의 자리에서 생장변화의 전체를 조율하는 주재적 원리가 되는데, 이것이 바로 오황극이 된다는 말이다.

황극의 원리는 만유생명이 존재의 목적에 도달할 수 있도록 현실적으로 조율하고 이끌어가는 운동의 본체이다. 삼신의 치화의 섭리가 이법화된 황극의 원리는 천지만물이 질서 있게 운동 변화하는 근거가 되며, 치화의 신에 대한 논리적인 인식의 근거가 되는 것이다.

무극, 태극, 황극에 대한 존재론의 진리를 개괄해 보자. 삼

---

52 "十便是太極一 一无十无體 十无一無用 合土居中五皇極"(김일부金一夫, 『정역正易』「십오일언十五一言」)

신의 창조변화의 정신은 무질서하게 작용하는 것이 아니고 반드시 존재론의 진리로 이법화된 삼극에 대응해서 용사한다. 조화의 신은 무극의, 교화의 신은 태극의, 치화의 신은 황극의 원리에 대응하여 이법화 되기 때문이다. 무극은 만유생명의 존재 근원이며 전체성의 본원이다. 무극의 열림은 바로 창조의 시작인 태극인데, 태극의 음양동정은 무극을 본원으로 하여 만유생명의 실제적인 창조와 성장의 기운으로 작용한다. 황극은 무극과 태극을 본체로 하여 창조변화의 음양 기운을 조율함으로써 만유생명이 균형 있는 분열 성장으로 이끌어가고, 창조의 목적(완성)에 도달할 수 있도록 주재한다. 이러한 의미에서 우리는 삼극론의 존재 진리를 파악함으로써 삼신하느님의 창조변화 정신에 대한 인식에 도달할 수 있는 것이다.

2. 현상론의 원리, 삼도三道

옛날이나 지금이나 세상에는 소위 최고의 지혜를 열광적으로 추구하거나 책을 벗 삼아 영원한 진리를 찾는 사람들이 있다. 심지어 어떤 이들은 안락한 가정과 처자식이 살고 있는 세속을 벗어나 산이나 절[寺]로 들어가 수도修道에 전념하기도 한다. 이런 사람들이 어디 한 둘이겠는가! 이들이 결연한 의지를 가지고 평생 동안 일념으로 맹렬하게 수련하는 궁극의 목적은 활연대각豁然大覺에 있을 것이다. 즉 도道를 체득하는 것이다. 그래서인지 공자孔子는 '아침에 도를 얻으면 저녁에 죽어도 좋다'[53]고까지 말했다고 한다. 왜냐하면 단 한번 뿐인 인생에서 그들이 추구하는 가장 바람직한 삶은 세속에서 구할 수 있는 명예도, 부富도, 영광도 아닌, 대도를 이루어 영생을 구가하는 것이라고 여기기 때문이다.

진정한 도란 무엇인가? 그것은 부분적이거나 일시적인 도가 아니다. 요컨대 불가佛家에서 말하는 것처럼 단순히 마음을 깨침만을 뜻하는 것도 아니고, 소위 과학적인 이치만을 궁구窮究하는 것도 아니라는 얘기다. 진정한 도는 바로 천지만물의 창조변화에 대한 근원적인 대도大道, 즉 삼재의 도[三才之道]를 포괄하는 진리가 될 것이다. 삼재란 창조변화의 틀이 되는 하늘, 땅, 인간의 삼계三界를 말한다. 그러므로 대도는 천도天道, 지도地道, 인도人道, 즉 삼도三道의 전체를 포섭하게 된다.

삼도에 대한 진리는 무엇을 근원으로 해서 출현하게 되는 것일까? 이 문제를 풀어보는 좋은 방법은 천지만물의 창조변화에 대한 근원, 즉 삼신의 정신에서 찾아보는 길이다. 왜냐하면 조화의 신, 교화의 신, 치화의 신이 자화되어 현신한 모습이 하늘, 땅, 인간이며, 이것들이 각기 이법화되어 현상으로 드러난 진리가 천도, 지도, 인도라고 할 수 있기 때문이다.

---

53 『논어論語』「이인里仁」: "나의 도는 하나로써 관통했다[吾道一以貫之]"

여기에서 중요한 것은 이러한 삼도가 전체적이지만 다함이 없다는 의미에서 무극대도無極大道라 정의할 수 있다는 것이다. 그럼 무극대도의 주인은 실제로 누구인가? 이에 대하여 삼계의 대 권능을 임의대로 부리는 삼신상제가 바로 그분이라는 주장이 가능하다. 즉 삼신상제의 무극대도는 진리인식의 근거가 되며, 이를 체득하여 통해야 진정한 대도에 이르렀다고 할 수 있다는 뜻이다.

삼재의 도[三才之道]

도道란 무엇인가? 그것은 글자 그대로 말하자면 '통하는 길'이란 뜻이다. 이 말의 핵심은 통하지 않는 것이 없으며 이것으

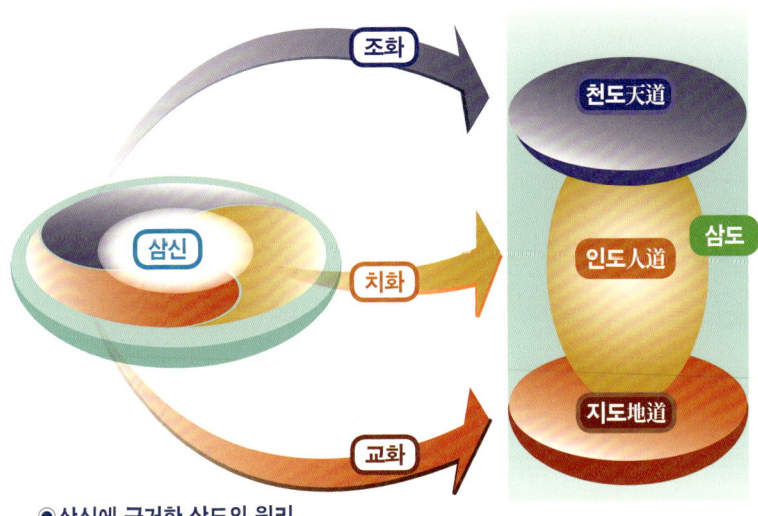

●삼신에 근거한 삼도의 원리

로 말미암지 않는 것이 없다는 것을 의미한다. 이러한 의미를 굳이 언어로 표현해볼 때 도라고 한다는 얘기다.

그런데 일반적으로 도가 있다는 믿음과 심정적인 확신이 분명할 수도 있지만, 자체로는 아무런 형체가 없어서 어떠한 방식으로도 형상화할 수 없고 볼 수도 없다는 것이 또한 도이다. 이를 노자老子는 "도라 할 수 있는 도는 항상인 도가 아니다"[54] 라고 간명하게 표현한 바 있다. 달리 말하자면 도를 '무엇'이라고 이름을 붙여 말한다는 것은 곧 고정되고 한정된 사례[事]나 형태[形]를 가리키는 것이 되기 때문에 도를 무엇으로 규정하여 말하는 것은 곧 항상[恒常]인 도가 아니라는 얘기다.

도는 분명히 일정하게 규정할 수 있는 것이 아니어서 딱히 무엇이라고 정의할 수 있는 존재가 아니다. 그렇다고 도가 절대적으로 없는 것이라고 말하는 것은 또한 아니다. 도는 즉 어디에나 통해 있어서 모든 존재의 근본으로서 항상 있는 것이 한다. 이에 대해 노자는 "도는 텅 비어 있어서 그것을 아무리 써도 (모자라거나 아무리 보태도) 차는 일이 없는 듯하고, 심연과 같아 (알 수 없지만) 모든 만물의 근본인 듯하다"[55]고 말한다.

도는 한마디로 천지만물의 창조변화를 있게 하는 근원으로서의 도이다. 근원의 도는 최상의 범주이기 때문에 어떤 방식

54 "道可道 非常道"(노자老子, 『도덕경道德經』1장)

55 "道沖而用之或不盈 淵兮似萬物之宗"(노자老子, 『도덕경道德經』4장)

으로든 서술될 수 있는 것이 아니다. 도는 항상 존재하는 것[常有]이기 때문에 자체로는 변하거나 없어지는 것이 아니며, 또한 근원이기 때문에 무소부재無所不在한 것으로 언제 어디에서나 역동적으로 작용하는 것이다. 이에 대하여 노자는 "하늘과 땅이 생겨나기 전에 분화되지 않은 무엇이 있다. (어떤 것에도 의존하지 않고)스스로 존재하고 항상 있으면서 두루 편만하여도 위태롭지 않으므로 천하의 근원이 될 수 있다. 나는 그 이름을 모른다. (굳이)글자를 붙이자면 도라고 한다."[56]고 말한다.

천지만물이 창조 변화되기 이전부터 근원의 도가 있었다. 근원의 도는 언제 어디에나 두루 편만해 있으면서 작용하기 때문에 이에 근거해서 천지만물이 창조 변화되어 가는 것이다. 그렇다면 도는 어떻게 작용하는 것일까? 항상 "반복하여 되돌아가는 것이 도의 움직임이다."[57] 도는 왜 반복해서 돌아가는가? 그것은 크기 때문이다. 크다는 것은 곧 무한하다는 것이고, 무한하다는 것은 끝없이 뻗어나가는 것이며, 이는 곧 역설적으로 말해서 자기에게로 돌아옴[復歸]을 뜻한다. 그래서 노자는 도를 '크다[大]'[58]고 했던 것이다.

---

56 "有物混成 先天地生 寂兮寥兮 獨立不改 周行而不殆 可以爲天下母 吾不知其名 字之曰道"(노자老子,『도덕경道德經』25장)

57 "反者 道之動"(노자老子,『도덕경道德經』40장)

58 "(도에 대하여) 억지로 이름을 짓자면 가장 크다고 할 뿐이다. 크다고 함은 (멀리)뻗어나감을 말하며, 뻗어나감은 멀어짐을 말하고, 멀어짐은 돌아

'크게 뻗어 나갔다가 되돌아옴'의 이치는 무엇을 말하는가? 이를 역도易道의 원리로 표현하자면 "한번 음하고 한번 양하는 것을 이름하여 도이다."[59]라고 기술해 볼 수 있을 것이다. 그래서 천지만물은 음양기운의 흐름, 즉 도의 움직임에 따라서 창조변화의 길로 끝없이 펼쳐진다는 것이다. 논에 뿌린 볍씨가 싹이 트고 무성하게 자라나 이삭이 패며 벼이삭이 영글면서 잎이 누렇게 되어 버리는 창조변화는 물론이고 봄이 가면 여름이 오고 여름이 가면 가을이 오며 가을이 가면 겨울이 오고 겨울이 가면 다시 봄이 찾아오는 4계절의 변화가 모두 현묘한 도의 움직임에 의한 것이라 할 수 있다는 얘기다.

'도道'의 움직임에 대한 범주에는 구체적으로 어떤 것들이 속해 있을까? 그것은 '하나이며 전체에 대한 도'를 함축하기 때문에, 천지만물을 구성하는 기본적인 틀, 즉 하늘, 땅, 인간의 도라 할 수 있다. 하늘, 땅, 인간은 우주만물을 구성하는 가장 근본적인 존재이다. 하늘, 땅, 인간을 삼재三才라고 하는 까닭이 여기에 있다. 삼재가 창조변화의 작용으로 통하는 길은 삼도三道이다. 즉 하늘의 도, 땅의 도, 인간의 도가 그것이다.

삼도의 근원은 무엇인가. 근원적인 도를 달리 말하여 '대도

옴을 말한다. 그래서 도는 크다[强爲之名曰大 大曰逝 逝曰遠 遠曰反 故道大]"(노자老子,『도덕경道德經』25장)

59 "一陰一陽之謂道"(『주역周易』「계사繫辭 상上」5장)

大道'라 일컫는다. 대도는 무엇을 말하는 것일까? 이에 대하여 노자는 "(도를 본받은) 하늘도 위대하고, (하늘을 본받은) 땅도 위대하고, (땅을 본받은) 왕(인간)도 위대하다. 세상에는 네 가지 위대한 것이 있으니 왕(사람)은 그중에 하나이다. 사람은 땅을 본받고, 땅은 하늘을 본받고, 하늘은 도를 본받으며, 도는 자연을 본받는다."[60]고 했다. 스스로 그러함[自然]이 바로 대도라는 얘기다.

그런데 필자는 앞서 만유생명의 창조변화란 삼신의 작용에 의한 것이라고 했다. 삼신은 막힘이 없기 때문에 언제 어디에서나 침투해 들어가 모든 것의 창조변화를 이끌어 낸다. 동방한민족은 삼신이 스스로를 현실적인 모습으로 드러낸 상像을 하늘, 땅, 인간으로 여겨왔다. 달리 말하자면 삼계三界는 바로 삼신이 자화하여 현현顯現한 모습이라 볼 수 있다는 얘기다. 즉 조화의 신은 무궁한 조화를 짓는 하늘의 상으로 자화한 것이고, 교화의 신은 아낌없는 육성과 가르침의 원리가 되는 땅의 상으로 자화한 것이며, 치화의 신은 하늘이 낳고[天生] 땅이 기르는 것[地育]을 조율하고 주재하여 다스리는 위대한 인간의 상으로 자화한 것이다.

그렇다면 삼도와 삼신은 어떤 관계로 규정해볼 수 있을까?

---

60 "天大 地大 王亦大 城中有四大 而王居其一焉 人法地 地法天 天法道 道法自然"(노자老子, 『도덕경道德經』 25장)

하늘, 땅, 인간에 대한 도의 움직임은 음양의 흐름으로 파악할 수 있다. 하지만 『주역周易』에서 "음양으로도 측정할 수 없는 것이 신이다"[61]라고 규정한다. 그 까닭은 "신은 문득 음에 있다가 홀연히 양에 있고, 양에 있다가 또 다시 음에 있는 것"[62]이기 때문이다. 이 말은 삼신이 음양의 범주로 파악되는 것이 아니지만, 음양의 기운을 타고 다니면서 그 작용을 조율하고, 그것을 수단으로 해서 만물의 창조변화를 일으킨다는 뜻을 함의한다. 즉 삼신을 근원으로 해서 음양의 작용이 있고, 음양의 작용은 곧 도의 움직임이기기 때문에, 삼신은 삼도의 작용 근거라는 얘기다.

그러므로 삼신의 작용으로 현상화된 것은 도의 움직이라고 말할 수 있을 것이다. 즉 조화신이 작용하는 자취가 상징으로 체계화된 것은 천도이고, 교화신이 작용하는 자취가 상징으로 체계화된 것은 지도이며, 치화신이 작용하는 자취가 상징으로 체계화된 것은 인도이다. 천도, 지도, 인도는 천지만물의 창조 변화를 현상론적으로 파악한 진리이다. 여기로부터 우리는 현상론적인 진리로 인식되는 천도, 지도, 인도란 곧 삼신이 각기 대응하여 이법화된 것임을 추론해 볼 수 있는 것이다.

---

61 "陰陽不測之謂神"(『주역周易』「계사繫辭 상上」5장)

62 "神 便是 在陰底 又忽然在陽 在陽底又或然在陰"(『원본주역原本周易』「계사繫辭 상上」4장. 本義 小注.)

역도易道로 이법화된 삼신

삼신의 작용이 이법화된 것은 천도, 지도, 인도라는 삼재의 도[三才之道]이다. 삼재의 도를 세분화해서 더 분석해 보면 어떻게 펼쳐지는 것일까? 이에 대하여 『주역周易』은 "역이라는 책은 광대하여 모든 것을 갖추고 있다. 거기에 천도가 있고, 인도가 있으며, 지도가 있는데, 이 삼재三才를 겸하여 둘씩 묶어 보니 모두 여섯이 된다. 이 여섯 효爻는 다른 것이 아니라 바로 삼재의 도이다."[63]라고 기록하고 있다.

삼재의 도는 6효로 상징해서 나타낼 수 있다는 뜻이다. 삼재를 겸하여 '둘씩 묶었다'는 뜻이 바로 그것이다. 다시 말해서 『주역周易』의 단괘는 3효로서 하늘, 땅, 인간을 상징하고 있고, 단괘를 중복한 복괘復卦는 6효로 이루어져 있다. 복괘의 경우에서 초효와 4효는 지도를, 2효와 5효는 인도를, 3효와 상효는 천도를 상징한다.

천도는 음양陰陽의 이치로 나타나고, 지도는 강유剛柔의 작용으로 드러나며, 인도는 인의仁義로 인간세계의 질서를 세움을 뜻한다. 그래서 "옛날에 성인이 역易을 만듦은 장차 그로써 성명性命의 이치를 따르고자 함이었다. 이로써 하늘의 도를 세워 음과 양이라 하고, 땅의 도를 세워 유柔와 강剛이라 하고,

---

63 "易之爲書也 廣大悉備 有天道焉 有人道焉 有地道焉 兼三才而兩之 故 六 六者非他也 三才之道也"(『주역周易』「계사繫辭」하下 10장)

사람의 도를 세워 인仁과 의義라 하니, 그러므로 삼재三才를 겸하여 둘씩 묶었다."[64]고 하였던 것이다.

　하늘에서는 음양의 도로써 상象을 이루고 땅에서는 강유의 도로써 형체를 이룬다. 음양이라는 것은 창조변화의 기운이고, 강유라는 것은 그 형체形體로 드러나는 것을 뜻한다. 만유 생명의 창조는 하늘의 상에 근거해서 생기고 땅에서는 상을 본받아 형체를 이루게 된다는 뜻이다. 이를 달리 표현해 보자면, 음양으로 펼쳐지는 천도天道는 조화신에 의한 창조변화의 이법이 드러남을 상징하는 상이며, 강유로 펼쳐지는 지도地道는 교화신에 의한 가르침과 성육의 덕성이 현실적인 형체로 드러내는 상으로 말해볼 수 있다.

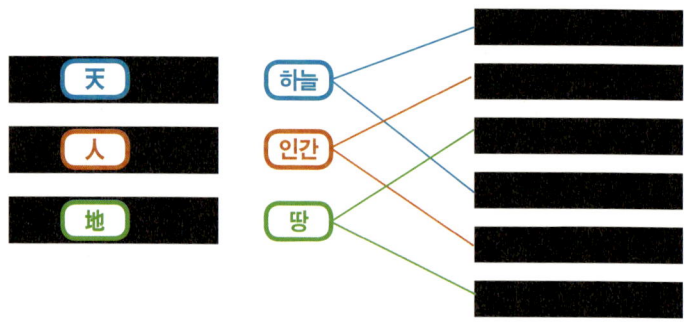

●하늘, 땅, 인간을 상징하는 괘효

---

[64] "昔者 聖人之作易也 將以順性命之理 是以 立天之道曰陰與陽 立地之道曰柔與剛 立人之道曰仁與義 兼三才而兩之"(『주역周易』 「설괘전說卦傳」 2장)

하늘에서는 음양의 도에 따라 각종 현상이 나타난다. 현상이란 해와 달, 비와 구름, 천둥과 번개, 성신星辰 등 각종 천문 현상을 생각하면 된다. 땅에서는 양의 강함과 음의 부드러움으로 인해 각종 형태들이 실제로 창조 변화되어 간다. 그 형태란 낮과 밤, 산과 연못, 나무와 풀, 새들과 인간을 포함한 동물 들을 생각해 보면 된다. 그래서 "하늘과 땅의 큰 덕은 생이다."[65]라는 표현이 가능한 것이다.

그럼 인간의 도는 누가 어떻게 세우는가? 그 도는 아무나 세우는 것이 아니다. 그것은 깨우침을 통해 성숙한 인격을 소유하고, 나아가 대경대법大經大法한 대도의 진리를 깨우쳐 인의仁義의 법도를 체득한 성인聖人만이 세울 수 있다. 인의에 통한 성인은 영적으로 성숙하게 되어 신도에 통하고 삼신하느님의 창조변화의 도道 자리를 깨우친 사람일 것이다.

유한한 인간이 어떻게 하면 그런 성인의 경지에 오르게 될 수 있을까? 사람은 누구나 귀하고 천한 것이 무엇이며, 유용하고 무용한 것이 무엇인지를 안다. 대체로 사리를 분별할 줄 아는 사람은 유용한 것이 있으면 귀하게 여기고 이에 만족하며, 무용한 것이면 관심을 보이지 않을 줄도 안다. 그런데 당면한 상황에 따라 유용하지는 않을 수도 있으나 항상 현묘玄妙한 가치와 만족을 주는 것이 있다. 그것은 바로 성숙한 인격과 같

---

65 "天地之大德曰 生"(『주역周易』「계사繫辭 하下」)

은 도량이다. 이러한 도량을 넓히는 것으로는 '하늘의 도를 드리우는 상[天道之象]'을 체득하는 것보다 더 큰 것이 없다. 성인은 바로 성숙한 인격을 가장 귀하게 여기는 자이다. 천도의 상을 관찰하여 성숙한 인격을 지킴으로써 성인은 인仁을 세우게 된다.

또한 대부분의 사람은 자신들이 살아가는 유용한 방편이라고 간주되는 사적인 이득利得을 추구하는데 온 정열을 다한다. 하지만 인격을 가장 귀하게 여기는 성인은 사람들이 추구하는 이득을 분별하여 다스리고, 말을 바르게 하여 그들의 잘못을 금하는 자이다. 그 기준은 바로 성인이 자신의 몸에서 '땅의 도를 드러내는 상[地道之象]'에 따라 변화의 도를 체득한 의義이다. 성인은 의를 세움으로써 분별을 다스리고 사람들의 잘못을 금하게 되는 것이다. 그러므로 성인은 천도의 상과 지도의 변화를 관찰하여 인의를 세워 사람의 도를 정하게 되는 것이다.

성인은 사람의 도를 어떻게 규정하게 되는 것일까? 하늘의 도를 드리우는 상[天道之象]은 음양의 작용에 의한 "원형이정元亨利貞"의 법도이다. '원형'은 양의 덕을 드리운 상이요 '이정'은 음의 덕을 드리운 상이다. 반면에 하늘이 드리우는 상을 본받아 현실 속에 땅의 도를 드러내는 상[地道之象]은 강유剛柔에 의한 "방탕신도放蕩神道"(『도전』 6:124)의 법도이다. '방탕'은 유의 덕으로 드러난 분열성장의 모습이요, '신도'는 강의 덕으로 드러난 수렴통일의 모습이다. 성인은 하늘의 도를 드리우는 상과 땅의 도를 드러내는 상을 근거로 하여 '인성의 벼리가 되는 도[人性之綱]'를 규정한다. 이를 인성론의 용어로 표현하면 인예의지[仁禮義知]의 법도라 할 수 있다. 인예의지로 펼쳐지는 인도[人道]는 치화신의 주재와 다스림의 이법으로 인간질서와 존재목적을 세우는 길로 해석해볼 수 있다.

이런 의미에서 볼 때, 삼재지도는 조물주 삼신의 정신이 현상론의 진리로 이법화된 형이상학적인 도라고 말할 수 있을 것이다. 즉 천도는 음양으로써 자연의 창조변화를 운행시키는 원형이정의 법도로 드러나고, 지도는 강유의 덕으로써 만유의 생명을 성육하는 방탕신도의 법도로 드러나며, 인도는 인의의 덕으로써 창조의 합목적인 존재로 이끌어가는 인예의지의 법도로 드러난다.

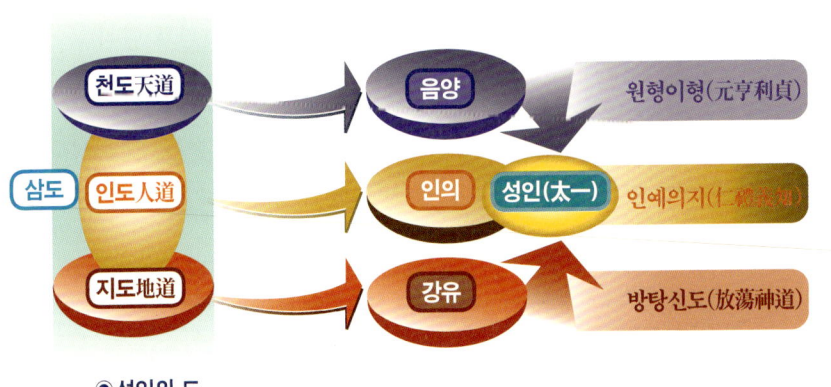

● 성인의 도

대도의 참 주인은 삼신상제

대도大道란 무엇인가? 그것은 글자 그대로 말하면 '커다란 도'란 뜻이다. 이는 '작은 도'에 대한 상대적인 용어로 표현되는 뜻이 아니다. 대도는 크고 작음 떠나서 어떠한 고정성이나 한계성을 허용할 수 없는 없는, 그럼에도 언제 어디에나 있는 그런 의미이다. 이에 대하여 『태백일사太白逸史』에는 다음과 같이 기술하고 있다 :

> "도는 원래부터 대상으로 있는 것도 아니고 명칭도 없다. 대상으로 있는 것은 도가 아니고 명칭이 있는 것 역시 도가 아니다. 도는 항상인 도가 아니지만 때를 따르는 것이 도의 귀한 바이고, 명칭은 항상인 이름이라고 하지 않지만 백성을 편안하게 하는 것이 명칭의 열매 맺는 바이다. 더 이상 밖이 없을 만큼 크고 안이 없을 만큼 작음까지도 도는 포함하지 않는 바가 없다."[66]

대도는 어디로부터 연유하는 것일까? 대도는 한漢 나라의 유학자 동중서董仲舒(BCE 170?-120?)가 "'도의 큰 근원은 하늘에서 나온다'"[67]고 한 것처럼, 천도를 지칭하는 것일까? 대도가 천도에 국한한다면, 이는 너무 편협한 주장일 것이다. 왜냐하

---

66 안경전 역주, 『환단고기』, 394-395쪽 : "道既無對無稱 有對非道 有稱 亦非道 道無常道 而隨時乃道之所貴也 稱無常稱 而安民乃稱之所實也 其無 外之大 無內之小 道乃無所不含也"(『태백일사太白逸史』「삼한관경본기三韓 管境本紀」)

67 "道之大源 出於天"(안경전, 『개벽 실제상황』, 257쪽 재인용)

면 대도는 삼도, 즉 삼라만상의 존재에 대한 창조성의 근원이 되는 천도, 육성과 가르침의 근원이 되는 지도, 주재와 합목적성의 근원이 되는 인도를 모두 포함해야하기 때문이다. 그렇기 때문에 대도는 존재의 차원에서 본다면 만유생명이 창조 변화되어가는 섭리이고, 앎의 차원에서 본다면 인간이 깨달아야 할 궁극의 지혜가 되는 것이다. 즉 대도는 구도자가 깨달아야할 진리의 원천이 된다고 할 수 있다.

모든 도를 포괄하는 대도는 삼도의 존재 근거가 되는 삼신으로부터 연유해야 마땅하다. 이에 대하여 『태백일사太白逸史』에는 "도의 커다란 원천은 삼신에서 나온다."[68]라고 기록되어 있다. 다시 말하면 천지만물이 창조 변화되는 근원은 삼신이요, 그 작용의 무궁한 변화현상은 천도, 지도, 인도, 즉 삼도로 펼쳐지는데, 대도는 이들을 포괄한다는 얘기다. 달리 표현하자면 대도는 한마디로 삼신일체의 도이다.

삼신일체의 도는 무엇을 의미하는 것일까? 그것은 광대성, 원융성, 통일성을 핵심으로 한다. 이와 같은 맥락에서 『단군세기檀君世紀』서문序文은 "삼신일체의 도는 대원일의 뜻에 있다"[69]라고 표현한다. '대원일大圓一'에서 '대'는 광대무변한

---

68 안경전 역주, 『환단고기』, 394쪽 : "道之大源 出乎三神也"(『태백일사太白逸史』「삼한관경본기三韓管境本紀」)

69 위의 책, 132쪽 : "三神一體之道在大圓一之義"(『단군세기檀君世紀』)

하늘의 섭리를 뜻하는데, 조화의 도가 핵심이다. '원'은 막힘이 없고 아낌없이 베푸는 땅의 원융성을 의미하는데, 교화의 도가 중심이다. '일'은 창조의 섭리와 육성의 덕이 대광명으로 합일된 인간의 통일성을 의미하는데, 치화의 도가 그것이다. 한마디로 말해서 대원일은 삼신과 한 몸이 되어 있는, 즉 삼신상제의 도이다.

삼신일체의 도는 실제로 삼신상제에 근거한다. 이에 대하여 『태백일사太白逸史』에는 "삼신은 즉 한분 상제로서 주체는 즉 하나의 신이나 신이 각각 있는 것이 아니라 작용으로서 삼신이다."[70]라고 기록되어 있다. 즉 삼신과 한 몸이 되어 있는 대도는 현실적으로 삼신상제의 도를 뜻한다. 삼신상제의 도는 무한히 커서 온갖 것을 받아들이지 못함이 없고, 원융무애하여 모든 것을 조화롭게 화육하고 가르치며, 모든 것을 하나로 통일하여 합목적성을 이루는 무극대도無極大道이다.

요약해 보자. 삼신은 본체에서 말하면 조물주 삼신이지만, 실제로 현신한 인격신으로 말하면 조화의 주체가 되는 삼신상제이다. 삼신상제는 삼신의 본체와 하나가 되어 있기 때문에 삼신의 무궁한 창조 변화성을 현실적으로 주재하는 주권자이며, 자신 또한 임의대로 현신하며 조화를 부리는 조화주가

---

70 위의 책, 282쪽 : "三神 卽一上帝 主體則爲一神 非各有神也 作用則三神 也."(『태백일사太白逸史』「삼신오제본기三神五帝本紀」)

되는 것이다. 이러한 의미에서 삼신상제는 조화, 교화, 치화의 도에 대한 실권자이며, 대도(삼신일체의 도)의 참 주인인 셈이다. 만일 대도가 하늘[天]에서 나온다고 하여 천도를 세운다 하더라도, 그 핵심은 천도의 원 주인이 하늘, 땅, 인간을 전체적으로 관할하여 주재한다는 의미에서 천주天主가 될 것이다. 앞서 말했듯이 천주의 원 명칭은 삼신상제이다. 그러므로 대도의 참 주인은 실제로 삼신상제일 수밖에 없고, 삼신상제의 도는 삼계대권(하늘, 땅, 인간의 도권)을 주재하는 무극대도라고 말하는 것이다. ·

3. 환국, 배달, 고조선의 통치체제로 이념화된 삼신

하늘에는 신명들이 사는 천국이 있다고들 말한다. 반면에 지상에는 인간이 사는 여러 국가가 현존하고 있다. 천국과 국가는 어떻게 형성된 것일까? 먼 태고 시절부터 조물주 삼신의 조화작용으로 인해 인간을 포함하여 만유의 생명이 탄생하고, 이것들이 죽어서 신명이 되어 하늘에 올라가 천국을 형성하게 되었을 것이다. 지상에는 인간의 수가 증가하면서 집단을 이루게 되었고, 집단이 모여 각기 생존을 보장받고 질서 유지를 유지하기 위해 통치체제를 갖춘 국가가 형성됐을 것이다. 이런 생각은 기우杞憂만은 아닐 수도 있을 것이다.

시원의 시대로 돌아가 보자. 고대에 동북아 지역에 터를 잡고 강대국의 위용을 자랑했던 한민족은 맨 처음에 어떤 이념으로 통치체제를 구축하고 나라를 건국하였을까? 그것은 한마디로 말해서 삼신의 대광명을 이치로 열어감으로써 시작했다고 말할 수 있을 것이다. 달리 표현하자면 최초의 국가는 삼신상제의 현묘한 도가 인류문명의 역사 속에 구현되어 다스려지는 천자국天子國의 등장으로부터 시작됐다는 것이다. 천자국은 조화의 정신이 열려 맨 먼저 땅위에 씨뿌려진 환국桓國에서 태동하고, 교화의 정신이 열려 광대한 강역으로 성장한 배달倍達에서 그 모습이 드러났으며, 치화의 정신이 열려 삼신의

●삼신하느님의 통치정신에 따라 건국한 환국, 배달, 조선

정신에 따라 삼한으로 다스린 단군조선檀君朝鮮에서 그 통치체제가 완비됐다고 볼 수 있다.

천자국은 동방 한민족의 고대 역사와 문화 코드를 해석할 수 있는 핵심이다. 그것은 하늘에는 삼신상제가 있고, 땅에는 삼신상제의 뜻에 따라 천자(하느님의 아들)가 나라를 다스린다는 슬로건에서 찾아볼 수 있다. 천자는 고대 동방 한민족의 시원사에 등장하는 환국의 환인천제, 배달의 환웅천황, 고조선의 단군왕검을 꼽는다. 환인, 환웅, 단군을 동북아 지역의 한민족은 천자라 여기고, 삼위성조三位聖祖라 호칭해 왔던 것이다. 이런 의미에서 환국, 배달, 고조선은 삼신하느님의 정신이 국가의 통치이념으로 전화轉化된 표본이라 볼 수 있다.

삼신의 정신으로 개국한 삼위성조

이 땅에 시원문명을 개창한 국가를 천자국이라 부른다. 천자란 글자적인 의미에서 '하늘 임금의 아들[天帝之子]'에서 나온 말이나. 하늘나리의 임금은 삼신상제이고, 이분의 통치정신을 적통으로 이어받은 자는 아들이 되어 지상의 나라에 임금이 된 분이 천자이다.

천자는 삼신상제의 가르침을 직접 받아 내려 나라를 열고 백성을 다스렸는데, 이 가르침을 동방 한민족은 신교神敎라 했다. 신교란 『단군세기檀君世紀』의 "신으로써 가르침을 베푼다

[亦以神施教]",[71] 북애자가 지은『규원사화揆園史話』의 "신으로써 가르침을 말한다[以神設敎]",『주역周易』의 "성인은 신의 도를 가지고 가르침을 편다[聖人以神道設敎]"는 뜻으로 풀이된다. 천자는 삼신상제의 덕화에 감화되어 이분을 숭경하였으며, 그 아들이 되어 신교로써 만백성들을 교화하고 통치함을 귀감으로 삼았다. 그래서 삼신상제의 가르침과 주재 정신은 고대에 시원문명을 일으켰던 '신탁神託 문화'의 요체가 되었으며, 천자국의 위상을 보여주는 근본철학이 된 셈이다.

천자의 명칭은 어떻게 나온 것일까? 그것은 삼신상제의 가르침을 따르고 숭배해왔던 동북아 지역의 동이족東夷族에서 처음으로 태동하기 시작했으며, 상고 시대부터 국통으로 전해져 내려온 동이 민족의 고유 호칭이 되었던 것이다. 이는 중국 한漢나라의 채옹蔡邕이 지었다는『독단獨斷』에서 "천자는 동이족이 부르던 호칭이다. 하늘을 아버지로 땅을 어머니로 하는 까닭에 천자라 부른다."[72]고 기록된 것에서 분명히 확인할 수 있다. 고구려의 전신인 북부여를 건국한 해모수는 스스로를 하느님의 아들[天帝子]이라고 밝혔고, 고구려의 시조 주몽이 부여의 군사들에게 쫓길 때, 송화강에 이르러 수신水神에게 "나는 천제의 아들이다[我是天帝之子]"라고 외침으로써 위험에

---

71 안경전 역주,『환단고기』, 156쪽 :『단군세기檀君世紀』

72 안경전 역주,『단군세기檀君世紀』, 50쪽

서 벗어났다는 이야기는 동방 한민족의 고대사에 관심이 있는
자들에게 잘 알려진 진실이다.

천자국의 위상은 어떻게 전개되었는가? 동이족이 세운 천
자국은 삼신상제의 통치정신이 현실적으로 모습을 드러낸 하
늘, 땅, 인간의 구성원리에 따라 세 단계의 역사문명으로 전개
되었다. 조화의 도는 천일天一이므로 하늘의 광명을 본받아 나
라를 세우는 광명이세光明理世의 이념이 되었다. 즉 삼신상제
의 무궁한 지혜를 본받아 세상을 밝게 다스린다는 이치가 내
포되어 있는 것이다. 교화의 도는 지일地一이므로 땅의 성육을
본받아 나라를 세우는 재세이화在世理化의 이념이 되었다. 즉
삼신상제의 말씀을 본받아 인문의 밝은 법도를 세워 세상을
다스림 없이 다스리겠다는 의지가 내포되어 있는 것이다. 치
화의 도는 태일太一이므로 하늘의 광명과 땅의 성육을 조화하
여 사람을 위한 다스림을 펴겠다는 홍익인간弘益人間의 이념이
되었던 것이다.

삼신상제의 통치이념으로 형성된 천자국은 태고적 인류역
사의 개창기 국가인 환국으로부터 시작하여 배달, 고조선이
라는 세 역사단계의 국가로 이어진다. 환인천제는 하늘의 주
신으로 삼신상제의 뜻을 받들어 조화의 도로써 인류 최초의
창세기 국가 환국을 열었다. 환웅천황은 문명개척의 주신으
로 환국의 국통을 계승하고, 교화의 도로써 동북아 지역에 한

민족 최초의 신시시대 배달국을 열었다. 그리고 단군왕검은 역사시대의 주신으로 배달의 대통을 잇고, 치화의 도로써 한민족 최초의 역사국가인 조선을 열었던 것이다.

삼신상제의 창세 정신을 계승한 환인桓因과 육성과 가르침의 정신에 따라 동북아에 천자국의 위상을 드높였던 환웅桓雄, 삼신상제의 통치정신에 따라 나라를 다스렸던 단군檀君이 그분들이다. 이 세분을 동북아 문화의 전통에서는 국조삼신이라 부르고 있다. 동북아 지역의 한민족이 추앙하는 환인, 환웅, 단군 성조는 조화, 교화, 치화의 현묘한 도를 인류 역사에 뿌리 내림으로써 삼신상제의 통치 정신을 시원문명 속에 펼친 분들이라는 말이다.

환인천제, 환웅천황, 단군왕검은 삼신하느님의 도를 근본적인 동량棟樑으로 삼아 나라를 개창하여 백성을 교화하고 조화로써 다스렸다. 이러한 사실은 환인, 환웅, 단군이 본래 신교를 신앙했던 제정일치 시대의 관명이었다는 것에서 그 실마리를 찾아볼 수 있다. 이들 각각은 삼신상제를 모시는 제사장이면서 그분의 가르침에 따라 국가를 열어 다스린 천자였던 것이다. 환국-배달-조선으로 이어지는 우리민족의 고대 역사는 천자국의 위상을 가지며, 삼신상제의 도가 역사 속에 실현된 시원역사의 본향인 셈이다.

중요한 것은 천자가 인간 세계를 대표하여 삼신상제에게 제사[天祭]를 올리는 전통을 확립하였다는 것이다. 이러한 의식은 제천단祭天壇에서 치러졌는데, 뚜렷이 남아 있는 흔적은, 뒤에서 살펴보겠지만, 최근에 고고학考古學의 노력으로 발굴된 중국의 홍산문화 유적지와 현재 중국의 북경에 남아 있는 천단天壇, 우리나라 강화도의 마리산에 있는 참성단이 대표적이다.

동방의 신교문화에는 대자연의 삼신하느님이 있고, 민족의 조상이 화하여 신神이 되고 신이 화하여 조상이 된다는 믿음이 그 정서의 바탕에 깔려 있다. 이러한 의미에서 신교문화를 면면히 지켜온 "동방의 조선은 본래 신교神敎의 종주국으로 상제님과 천지신명을 함께 받들어 온 인류 제사문화의 본고향"(『도전』 1:1:6)이 되는 셈이다. 그래서 동북아 한민족은 일찍이 고조선 때부터 삼성묘를 세워 삼신상제와 환인천제, 환웅천황, 단군왕검의 국조삼신을 오래 동안 받들어 제사를 지내왔고 신앙의 대상으로 숭배해왔던 것이다.[73]

조화의 정신이 뿌리 내린 창세기 국가 환국

지상에 인류가 출현하고, 문명의 길로 접어들면서 맨 먼저 조화의 신이 열려 삼신하느님의 가르침을 역사 속에 구현한

---

[73] 『환단고기桓檀古記』「단군세기檀君世紀」에는 울라 단군 재위 28년에 영고탑에서 삼신상제에게 친히 제사를 지내며, 환인천제, 환웅천황, 치우천황, 단군왕검을 배향했다는 기록이 나온다.

나라는 창세기 국가라 한다. 창세기 국가는 어느 나라일까? 그것은 환국일 것이다. 이는 『삼성기三聖紀』에 "우리 환족의 나라 세움이 가장 오래되었다."[74]고 기록하고 있고, 『삼국유사三國遺事』에서는 "옛적에 환국이 있었다[昔有桓國]"고 한 것에서 찾아볼 수 있다.

환국에서 '환桓'이란 하늘의 광명을 뜻하는 환하게 빛나는 형체를 말하며, '국國'은 나라를 말하므로 "밝은 나라"라는 뜻이다. 환국은 상계의 주신이 사는 나라이다. 이러한 의미에서 환국은 조화의 신이 열려 대자연의 광명을 이치로 개창한 인류의 창세기 시원국가라 할 수 있는 것이다. 이에 대하여 『태백일사太白逸史』는 "삼신의 후계를 일컬어 환국이라 하였는데 환국은 천제가 사는 나라이고, 또 말하기를 삼신은 환국에 앞서 있었다."[75]라고 기록하고 있다. 하늘의 주신은 삼신하느님을 대신하여 조화의 덕성으로 온갖 지혜와 권능으로써 세상을 다스렸기 때문에 환국의 천제가 되었다. 이분이 바로 환인천제桓因天帝이다.

환인천제는 누구인가? 이에 대하여 북애자는 다음과 같이 기술하고 있다.

---

74 안경전 역주, 『환단고기』, 88쪽 : "吾桓建國 最古"(『삼성기三聖紀』)

75 위의 책, 302쪽 : "三神之後 稱爲桓國 桓國 天帝所居之邦 又曰三神 在桓國
之先"(『태백일사太白逸史』「삼신오제본기三神五帝本紀」)

"하늘에는 마침 한 큰 주신主神이 있었는데, 그를 환인桓因이라 하였다. 온 세상을 다스리는 많은 지혜와 능력을 갖고 있었으나, 그 형체는 나타내지 않고 가장 높은 하늘에 자리 잡고 있었다. 그가 있는 곳은 수만리나 떨어진 곳이지만 언제나 환하게 빛나고, 그 아래에는 다시 수많은 작은 신[小神] 들을 거느리고 있었다. 환桓이란 광명光明, 곧 환하게 빛나는 것으로 그 형체를 말하는 것이며, 인因이란 본원本源이니 곧 근본이며 만물이 이것으로 말미암아 나는 것을 뜻하는 것이다."[76]

환인천제에 대하여 『태백일사太白逸史』는 "가만히 생각건대 삼신이 하늘나라에 살며 만물을 창조하고, 환인이 사람을 가

●환국의 강역

76 북애北崖, 고동영 역, 『揆園史話』, 9쪽

르쳐 옳음을 세우니 이로부터 자손들이 이를 대대로 이어 전하고 현묘한 도를 깨달아 빛나고 밝게 세상을 다스렸다. 이미 하늘·땅·사람의 삼극과 대원일은 만물의 원뜻이 되는 것이니, 하늘 아래 아홉 환의 예악이 어찌 삼신 고제의 풍속에 있지 않겠는가."[77]라고 기록하고 있다.

환국은 환인 형제 아홉 사람이 나라를 나눠 다스렸는데 이들 나라를 구환九桓이라고 한다. 구환은 시원 인류의 각 창세기 조상들이다. 환인천제는 삼신의 권한을 대행하여 빛나고 밝은 이념으로 구환을 통치했고, 백성들을 조화의 덕성으로 다스려 모두 부유하고 번성하게 하였다. 그래서 환국의 창세 이념을 광명이세光明理世라고 하는 것이다. 환국의 백성들이 어떻게 살았는가에 대하여 『태백일사太白逸史』에는 환인천제가 "삼신하느님을 대신하여 조화를 일으켜 사람들에게 병역[兵]이 없도록 하였고, 백성들은 모두 힘을 합쳐 부지런히 일하여 이로부터 굶주리고 추위에 떠는 일이 없었다."[78]고 전한다.

---

77 안경전 역주, 『환단고기』, 300쪽 : "窮想三神 生天造物 桓因 教人立義 自是 子孫相傳 玄妙得道 光明理世 旣有天地人三極 大圓一之爲庶物原義 則 天下九桓之禮樂 豈不在於三神古祭之俗乎"(『태백일사太白逸史』「삼신오제본기三神五帝本紀」)

78 위의 책, 322쪽 : "代天興化 使人無兵 人皆力作以勤 自無飢寒也"(『태백일사太白逸史』「환국본기桓國本紀」)

교화의 정신으로 세운 신시神市의 나라 배달

교화의 신이 열려 동북아 지역에 최초로 민족단위로 개국하여 번창한 천자국은 동이족이 세운 신시배달이다. 옛 언어로 '배培'는 밝다는 뜻을 갖고 있고 '달達'은 땅이라는 뜻을 함유하고 있다. 그래서 배달은 삼신상제의 광명이 천하에 비친다는 뜻으로 하늘의 빛으로 빛나는 땅을 상징한다.

신시배달은 환인천제가 세운 환국의 국통을 이어받아 환국 말기에 환웅천황이 새롭게 세운 나라이다. 환웅桓雄의 의미가 가지는 글자의 뜻은 곰을 토템으로 하는 웅족雄族인데, 이는 삼신상제의 광명을 숭상하는 환족桓族과 혼인하여 환족으로 거듭남을 함축한다.[79] 그래서 배달의 환웅천황은 교화의 정신에 따라 동북아 지역을 통합하여 문명을 개척해 나가던 시기의 새로운 임금의 호칭으로 볼 수 있다. 그리고 "배달은 환웅께서 천하를 안정시키고 정하신 나라이름이다. 수도는 신시神市요, 후에 청구국靑邱國으로 천도하였다. 전 18세를 전하니, 역년은 1565년이다."[80]

신시배달은 어떻게 건국되었을까? 천제의 아들 환웅은 천하에 뜻을 두고 인간 세상을 널리 구하기를 원하였다. 이에 환인

---

79 안경전 역주, 『삼성기三聖紀』, 106쪽 참조

80 안경전 역주, 『환단고기』, 116쪽 : "倍達 桓雄定有天下之號也 其所都曰 神市 後徙靑邱國 傳十八世 歷年一千五百六十五年"(『삼성기三聖紀』)

천제는 아들의 뜻을 알고 인간을 이롭게 할 만한 땅을 두루 살 펴 후 신하들에 의견을 물어 광명의 본거지가 될 수 있는 삼위 태백(백두산) 아래(천평)를 골랐다. 그런 후에 환인천제는 환웅 에게 천부天符와 인印 세 종류를 주시며 명하시기를, "이제 인 간과 만물이 제자리를 잡아 정립되었으니 그대는 노고를 아끼 지 말고 '무리 3천명'을 이끌고 가서 새 시대를 열어 가르침 을 세우고[開天立教] 세상을 신교神教의 진리로 교화하여[在世理 化] 이를 만세 자손의 큰 규범으로 삼을지어다."[81]라고 했다.

환인천제의 명을 받은 환웅은 천부天符와 인印을 가지고 문 명개척단을 이끌고 삼위태백으로 온다. "환웅께서는 무리 3 천명을 이끌고 태백산 마루의 신단수神檀樹 아래에 내려오시 어 이곳을 신시神市라 하시니, 이분이 바로 환웅천황이시다. 환웅께서는 풍백風伯, 우사雨師, 운사雲師를 거느리고 농사와 왕명과 형벌과 질병과 선악을 비롯하여 인간 세상의 360여 가 지의 일을 주관하시고, 신교神教의 진리로써 정치와 교화를 베 푸시고 인간을 널리 평안한 삶으로 이끌어주셨다[홍익인간]"[82] 여기에서 신시란 배달의 도성을 뜻하며, 풍백은 오늘날 입법 부, 우사는 행정부, 운사는 사법부를 뜻하는 관직명으로 배달 시대의 국가 통치조직의 원리이다.

---

81 안경전 역주, 『삼성기三聖紀』, 81쪽
82 안경전 역주, 『삼성기三聖紀』, 81쪽

홍산 문화의 비밀, 그 수수께끼가 드러나다!

환웅 배달과 단군 조선의 홍산 문화 유적지

신석기	❶ 소하서小河西 문화 (기원전 7000년~기원전 6500년)
	❷ 흥륭와興隆洼 문화 (기원전 6200년~기원전 5200년)
	❸ 사해査海 문화 (기원전 5600년~)
	❹ 부하富河 문화 (기원전 5200년~기원전 5000년)
	❺ 조보구趙寶溝 문화 (기원전 5000년~기원전 4400년)
신석기 청동기 병용	❻ 홍산紅山 문화 (기원전 4500년~기원전 3000년)
	❼ 소하연小河沿 문화 (기원전 3000년~기원전 2000년)
청동기	❽ 하가점夏家店 문화 (기원전 2000년~기원전 1500년)

● 신시 배달과 홍산문화 유적지

환웅천황은 신시개천 이후 스승의 도를 세우고[以立師道] 교화의 덕성을 근간으로 하여 나라를 다스렸다. 그리하여 삼신의 덕성으로 빚어지는 성스러운 교화가 널리 퍼지기 시작해서 해가 갈수록 더욱 더 깊어져 세상을 다스리는 큰 근본이 되었다. 그가 베푼 덕성은 환인천제의 뜻을 이어 받아 밝고 빛나는 세계를 땅위에 열겠다는 광명이세光明以世, 교화의 덕성을 근간으로 하여 나라를 열고 이상적인 법도를 제정하여 백성을 다스리겠다는 재세이화在世理化, 인간을 널리 이롭게 하여 풍요로운 삶을 살도록 하겠다는 홍익인간弘益人間의 정신이 들어 있다. 삼신의 덕으로써 가르치고 인간을 널리 이롭게 통치하여 광명의 세상을 열겠다는 통치정신이 신시시대부터 있었던 것이다.

배달시대에 문명화 중심지는 어디였을까? 그곳은 중국 정부가 지난 1980년대부터 중국의 요령성 우하량 일대의 유적지를 본격적으로 발굴 소개한 홍산문화에서 그 흔적을 찾아볼 수 있다. 홍산문화에서는 대형 제단祭壇, 여신묘女神廟, 돌을 쌓아 무덤의 묘실을 만든 적석총積石塚 등이 발굴되었다. 우하량 북쪽 산 중턱에서는 거대한 신전 터가 발굴되었는데, 곰의 아래턱 뼈, 곰 발톱 모양의 진흙 토기와 함께 황토질 점토로 만들어진 실제 사람 크기의 여신상도 출토되었다. 이를 웅녀상이라 부른다. 이러한 유물을 토대로 볼 때, 만주 지역의 토착

세력이었던 웅족은 홍산문화의 주인공이었다. 이는 약 6천년 경에 동방 한민족의 첫 출발인 배달의 개국 무렵에 환국의 후손인 환족이 곰을 토템으로 하는 웅족을 교화하여 문명화했다는 『환단고기』「삼성기」의 기록과 일치하는 것으로 보아 한민족의 조상이 동이족으로 살면서 활동했던 지역이었음을 추론할 수 있다.

결과적으로 볼 때, 최고의 인류문화로 그 빛을 보게 된 홍산문화의 주도 세력은 바로 배달환웅시대의 동이족이다. 우리 민족은 동방의 동이족으로 배달의 후예가 되는 셈이다. 이 때부터 사회적인 신분제도가 정착되고 경제상의 계층분화가 이루어지면서 최초로 실질적인 문명국가의 형태를 갖추게 된 것이다. 또한 배달시대에 이르러 비로소 문화영웅들이 출세하여 인류문명의 새 장을 연다. 그 문명의 역사 중심엔 인문의 아버지[人文之祖]로서 "팔괘를 그려 역학의 기초를 세운 태호 복희씨(배달국의 5세 태우의 환웅천황의 12번째 아들)"가 있고, "농사짓는 법을 최초로 가르치고, 수많은 야초의 약성을 구분하여 의학의 기초를 세운 신농씨(8대 안부연 환웅시대의 인물)"도 있으며, "월드컵 붉은 악마 깃발의 주인공인 치우(14대 자오지 환웅)"[83] 천황도 있다.

---

83 증산도, 『개벽』(2003년 10월), 91쪽

치화의 정신으로 세운 나라 고조선

세 번째로 삼신의 정신에 따라 치화의 신이 열려 그 덕성을 천하에 펼친 천자국이 등장한다. 삼신하느님의 통치이념을 구현해 내어 고조선의 역사시대가 열린 것이다. 고조선을 연 분이 바로 단군왕검이다.

단군왕검은 배달국 말기에 아버지 단웅檀雄과 어머니 웅씨왕熊氏王의 따님 사이에서 기원전 2370년 전 5월 2일에 박달나무 우거진 숲에서 장차 새 역사를 개창할 인물로 태어났다. 14세 때 왕을 보좌하는 웅씨국 비왕椑王으로 봉해졌다가 38세 때 국왕이 죽자 백성들의 추대로 왕이 되었으며, 배달국 말기의 혼란을 바로 잡고 구환(동이족)을 통일하여 나라를 세우게 된다.

『단군세기檀君世紀』에서는 "이에 구환九桓의 백성들이 모두 기뻐하고 진실로 복종하여 천제의 화신으로서 여기고 임금으로 추대하니, 이분이 바로 단군왕검이시다. 성조께서는 신시 배달의 법도를 되살리시고, 아사달에 도읍을 정하여 나라를 세우시고 그 이름을 조선朝鮮이라 하셨다."[84]라고 전한다. 다시 말하자면 단군왕검은 창세기 국가를 개창한 환국과 민족 단위의 국가로 번창한 신시배달의 국통을 이어받아 옛 법도를

---

84 안경전 역주, 『단군세기檀君世紀』, 103쪽

되살리고 광명의 밝은 땅(배달)이라는 의미의 아사달에 도읍을
정하였던 것이다.

●고조선의 삼한관경 강역

초대왕검은 천자天子로 추대되어 10월 3일에 천제를 올리고 나라를 세우며 국호를 조선이라 하였다. 『단군세기檀君世紀』에서 나라의 백성들이 단군왕검을 "천제의 아들로 추대하였다"[85]는 기록으로 보아 단군조선은 환국, 배달을 계승하여 천자국이 된 것이다.

천자는 삼신상제에게 제사를 올리는 '대제사장'이기도 했다. 단군왕검이란 말의 뜻도 이를 말해주고 있다. 왜냐하면 단군왕검은 종교(신교)의 제사장이면서 동시에 군장으로서의 통치를 겸임하는 관명이기 때문이다. 그래서 단군왕검은 제정일치시대에 천제를 집전하는 제사장이자 환인천제와 환웅천황의 대통을 이어 받아 세상을 밝게 다스리는 임금이란 뜻이다.

관명에 걸맞게 단군왕검은 환인천제와 환웅천황의 종통을 계승하여 신시의 옛 규범을 회복하고, 삼신상제의 신교 정신을 크게 부흥시키게 된다. 『삼성기三聖紀』는 단군왕검에 대하여 "왕검께서 지극히 신성한 덕성과 성인의 자애로움을 겸하시고, 선대 환인·환웅 성조와 하늘의 뜻을 받들어 인류의 푯대를 세우시니, 천하에 그 공덕이 우뚝 솟아 찬란하게 빛났다."[86]고 기록하고 있다.

한민족의 고조선 시대를 말함에 있어서 결코 간과할 수 없

85 "推爲天帝子"(안경전 역주, 『단군세기檀君世紀』, 49쪽)
86 안경전 역주, 『삼성기三聖紀』, 57쪽

는 통치체제의 특징이 있다. 그것은 초대 단군왕검 때부터 신교의 삼신사상을 바탕으로 나라를 다스림으로써 제정일치의 문화가 생활화 되었었다는 점이다. 즉 단군왕검은 삼신상제를 공경하고 그 가르침을 받들어 역사시대를 개척했으며, 삼신의 통치정신에 따라 조선을 진한, 마한, 변한의 삼한三韓으로 나누어 다스린 천자였던 것이다. 이것이 바로 고조선의 독특한 국가 통치제도인 삼한관경제三韓管境制이다. 삼한관경제는 삼신일체의 원리에 따라 단군왕검이 제정한 국가 통치 방식이다.

삼한관경제의 기본 구조는 삼신의 창조변화의 정신이 자화되어 현실세계의 모습으로 드러난 하늘, 땅, 인간의 구성 원리에 따른 것인데, 그것은 천일, 지일, 태일의 정신에 입각하여 고조선 전 영역을 셋으로 나누어 다스리는 방식이다. 즉 고조선 전 영역을 태일의 정신에 입각한 진한辰韓, 지일의 정신에 입각한 번한番韓, 천일의 정신에 입각한 마한馬韓이다. 도읍지 아사달을 중심으로 하여 요동과 만주 지역의 진한은 대단군인 단군왕검이 삼신상제를 대행히어 직접 다스리고, 요서지역의 번한과 한반도 북부의 마한에는 부단군을 두어 삼한 전역을 통치하였다.[87]

결과적으로 볼 때, 국조삼신은 삼신하느님의 통치정신을 동북아 시원문명 속에 실현한 신인이자 천자이다. 조화의 신이

<hr>

[87] 안경전 역주, 『단군세기檀君世紀』, 45쪽 참조

열려 환국을 개창한 환인천제, 교화의 신이 열려 환국의 국통을 이어 받아 인류를 문명의 길로 교화한 배달의 환웅천황, 치화의 신이 열려 환국과 배달의 국통을 이어 받아 인류의 역사시대를 개척한 단군왕검이 바로 국조삼신들이다. 국조삼신에 대하여 『단군세기』는 "세 분 성조(환인, 환웅, 단군)의 지존하심은 삼신과 더불어 공덕이 같고, 삼신(상제님)의 덕은 세 분 성조로 인해 위대해졌도다."[88]라고 표현하고 있다. 이러한 의미에서 볼 때, 동방 한민족의 전통에서는 삼신하느님과 국조삼신은 동일한 숭배의 대상으로 격상되고 있음을 보게 되는데, 삼신상제를 모시는 숭천崇天과 국조삼신을 모시는 숭조崇祖가 바로 그것이다.

88 안경전 역주, 『단군세기檀君世紀』, 191쪽

동북아 생활문화 속의 삼신

IV. 동북아 생활문화 속의 삼신

  삼신은 생명의 창조와 문화의 뿌리이다. 앞서 제시하였듯
이, '일신은 곧 삼신'으로 곧 삼신일체 사상의 핵심을 이룬
다. 삼신일체의 사상은 시원 문명이 태동되던 때부터 동북아
지역에 거주하는 동이민족의 심층에 고유한 사유의 틀로 고착
되었다. 이러한 삼신일체 사상이 집단무의식의 경계에서 정
신적인 사고에 투사되어 실제적인 문화양식으로 드러난 것이
바로 "3수분화의 세계관"[89]이다.

  3수분화의 세계관은 '하나는 셋이요, 셋은 곧 전체로 펼쳐
져 드러난다.'는 삼신일체의 사고를 바탕에 깔고 있다. 하나
의 우주에는 하늘, 땅, 사람이요, 하나의 하늘에는 해, 달, 별
이 있으며, 하나의 땅에는 불, 물, 공기가 있고, 하나의 사람에
는 정, 기, 신이 있으며, 하나의 가정에는 부, 모, 자녀가 있고,
한 나라에는 입법부, 사법부, 행정부가 있다. 이들 각각은 한

---

[89] 하나에서 셋으로 분화되어 '변화의 계기수 3'이 되고, 셋이 각각 셋으로
분화되어 '완성수 9'를 이루고, 완성수 9의 제곱으로 '우주적 완성수 81'을
이루는 일련의 사유체계를 '3수 분화의 세계관'이라 부른다.(우실하,『동북
공정 너머 요하문명론』, 340쪽)

몸체이지만 셋으로 분화하여 작용한다.[90]는 것이 이를 입증하고 있다.

3수분화의 세계관이 표출된 사상적인 기록과 역사적인 유물유적은 수없이 많다. 이 모두가 삼신의 창조변화의 정신이 문화적인 양태로 전화된 것들이다. 대표적으로 꼽아 보면, 우주의 주재자인 삼신상제를 숭배하여 제사를 올렸던 제천단, 삼신의 정신이 전화轉化되어 역사문화의 유물에 나타난 삼태극 문양, 삼신상제와 국조삼신을 모시는 삼성전, 인간의 탄생과 생명을 주관하는 삼신을 숭배하는 민속, 삼신상제의 명을 인간에게 전달하는 대리자를 상징하는 삼족오 문양과 그 밖의 유물 등이 주요 예들이다.

1. 삼신상제를 모시는 제천단

동북아 창세 문화를 개창한 한민족은 애초부터 하늘과 땅에 두루 거주하면서 조화를 부리는 신명들을 모셔왔다. 오늘날까지도 조상 제사를 극진히 모신다든가, 영산靈山에 올라가 산신제山神祭를 올리거나, 바다의 노함을 달래기 위해 용왕제龍王祭를 지내는 것을 흔히 볼 수 있는데, 이는 제사문화의 본향이라는 말을 입증하는 사례들일 것이다.

---

90 김석진, 『천부경』, 53쪽 참조

특히 국가의 중요 대사가 있을 때에는 천신제天神祭를 올리는데, 이 문화의식의 주신主神은 바로 삼신상제이다. 이러한 제사의식의 맥은 신교의 전통에서 나온 것이다.

> "상제는 온 우주의 주재자요 통치자 하느님이니라. 동방의 조선은 본래 신교神教의 종주국으로 상제님과 천지신명을 함께 받들어온 인류 제사문화의 본고향이니라."(『도전』 1:1:4-6)

신교는 본래 제정일치 시대의 문화와 국가 통치이념을 포함하고 있다. 앞서 언급하였듯이, 제정일치 사회에서는 하늘, 땅, 인간의 온 우주를 주재하여 통치하는 삼신상제를 받들어 모시는 제사장이면서 그 덕화와 가르침을 받아 내려 지상에 펼치는 문화가 정착되었다. 이 문화의 의식을 제천祭天이라 하는데, 삼신상제의 뜻을 받들어 나라를 열어 다스리는 천자가 이를 주관한다.

누가 진정한 천자가 되는 것인가? 창세문화가 나오던 태고 시대부터 종통으로 계승되는 신교의 맥을 이은 통치자가 천자이다. 천자는 삼신상제를 대행하여 지상에 살고 있는 백성들의 존망을 책임지고, 나라를 안정시켜 태평세대를 목적으로 다스리는 자이다.

천자국에 대한 역사적인 흔적이나 기록은 어디에서 찾아볼 수 있을까? 삼신상제에게 제사를 지낸 가장 오래된 흔적은 상

●홍산문화 우하량 제2지점 적석총(아래)과 우하량 원형제단 추정도(위)…원형
제단은 하늘에, 방형적석총은 땅에 제사를 올리는 제단이다.

고시대 배달민족의 중심 터전이었던 중국의 적봉 일대에서 발굴된 홍산문화에서 찾아볼 수 있다. 홍산문화의 3대 요소로 꼽히는 유적은 천제를 지내기 위해 3단으로 건립된 제천단, 여신묘, 적석총이다.[91] 이곳 우하량 유적지에서 발굴된 거대한 제천단은 역사 이래 가장 오래된 유적으로 꼽힌다.

> "중국학자들은 우하량 제2지점에서 발견된 원형과 방형의 제단유적을 '천원지방天圓地方'사상의 원형이자 북경 천단 구조의 원형으로 보고 있다."[92]

홍산유적지에서 발굴된 제천단은 주로 산을 끼고 있는 위치해 있는데, 방형方形과 원형圓形으로 이뤄졌던 것으로 추정된다. 이러한 구조는 '하늘은 둥글고 땅은 방정하다[天圓地方]'는 사상을 나타내고 있으며, 삼단 구조의 형태는 삼신일체의 3수 원리로 구성되어 있음을 뜻한다. 이 제천단은 하늘의 아들인 천자가 삼신상제를 숭배하고 조상신을 섬기던 신교문화의 형태를 대표하는 유적이다.

홍산문화의 주체는 동북아 동이민족이 세운, 최초로 국가체제로 정비된 배달국이다. 배달국의 천자는 인간 세계를 대표하여 삼신상제에게 제사를 올렸고, 여러 민족단위로 이루

---

91 심백강, 『황하에서 한라까지』, 128쪽
92 김선주, 『인류문명의 뿌리 東夷』, 74쪽

어진 제후국을 거느렸는데, 천자국에 귀속된 제후들은 천자의 명을 받들어 사역했다. 그 예는 『서경書經』에 기록된 내용에서 추론해볼 수 있다.[93] 또한 천자문화의 전통으로 내려온 제천의식은 동이민족이 세운 당唐 나라의 요堯, 우 나라를 세운 순舜, 하 나라를 세운 우禹, 상나라를 세운 탕 임금 등, 중국 상고시대의 역대 제왕들이 재위에 오르면서 상제에게 천제를 올렸다는 『서경書經』의 기록에서도 알 수 있다.

『시경詩經』에는 상제를 찬양하는 많은 노래들이 여러 곳에 등장한다. 여기서 상제는 삼신상제를 일컫는다. 상고 시대 문화의 중심에는 신교가 자리하고 있었고, 생활문화의 길을 개척하던 사람들은 최고의 인격적 주재자를 상제, 삼신상제로 불렀을 것이기 때문이다. 그래서 중국 고대로부터 상나라에 이르기 까지 동이민족은 삼신상제를 섬기고 천지의 온갖 변화에서 작용하는 신의 조화를 믿으며 신의 가르침을 좇아 생활하였던 것이다.

동이의 주체민족은 천자문화의 제천의식을 후대에 까지 그대로 계승한다. 중국 돈황문서인 『토원책부兎園策府』에 따르

---

93 『서경書經』에 기록된 "동순망질 사근동후東巡望秩 肆覲東后"란 "'동쪽으로 순행하여 산천에 제를 지내고 마침내 동방의 임금을 알현하였다'는 뜻이다. '근覲'이란 '제후가 천자를 뵙는다'는 뜻으로, 하현상下現上, 아랫사람이 윗사람을 찾아뵙는 것을 말한다. 이 때 순임금이 알현한 동방의 천자는 … 바로 고조선의 단군왕검이다. 이러한 사실은 순이 단군조의 제후였음을 입증해 준다." 안경전, 『개벽 실제상황』, 156쪽

면, 고조선에서는 10월에 무천舞天이라고 하는 제천의식이 열렸고, 출정出征에 앞서서 우제점牛蹄占, 즉 소를 잡아 그 발굽의 형상으로 길흉을 점치는 일을 했다고 기록하고 있다. 이 밖에도 한국 고대사회에서 각 문화의 축제로 등장하는 부여의 영고, 고구려의 동맹, 동예의 무천 등은 하늘에 제사를 지내는 제천의례이고, 이는 곧 삼신상제에게 제사의식을 거행한 국가적인 행사였던 것이다.

2. 국조삼신을 모신 삼성전

오늘날을 살고 있는 우리는 복잡하고 급변하는 사회변화의 조류에 휩쓸려 어디로 가는지 조차도 가늠하지 못한 채 일상을 살아가기도 한다. 이럴 때 어떤 사람은 이따금 자신의 삶의 존재의식을 일깨우기 위해 일상을 탈피해서 수려한 명산을 찾기도 한다. 명산의 입구에 들어가면 어디에서나 한 번쯤은 우리의 시야를 벗어날 수 없는, 오래된 사찰寺刹이 자리하고 있다. 역사적으로 볼 때 사찰은 삼국시대부터 불교가 우리나라에 유입되면서 세워진 것이기 때문에, 유구한 역사와 전통의 흔적을 간직한 많은 사찰이 각지에 위치하고 있다.

사찰에는 거의 대부분 주불主佛을 모시는 본전이 있는데, 본전의 중앙에는 대부분 대웅전大雄殿이라는 현판이 붙어 있다. 대웅전이 어떻게 해서 붙여진 것이고 그 뜻하는 바가 무엇일까, 대웅전이라는 현판 이름이 본래 불가佛家의 용어에서 나온 것일까 하는 의문은 식자 꽤나 있다고 자부하는 사람이라면 한 번쯤 자문해 보는 숙제이기도 하다.

유감스런 일이지만 한마디로 말해서 대웅전은 불가의 용어가 아니다. 『태백일사太白逸史』에서 인용한 「고려팔관잡기高麗八觀雜記」에는 "불상이 처음 들어오자 절을 세우고 이를 대웅大雄이라 칭했다. 이는 승도僧徒들이 옛 풍속을 세습하여 부르는 칭호이며, 본래 승가僧家의 말이 아니다."[94] 라는 기록이 있다. 이 기록으로 볼 때 대웅은 동방 한민족의 삶속에 민속으로 면면히 전승되어온 생활문화의 근간이었음을 추론해 볼 수 있다.

옛 풍속으로 세습된 "대웅"의 기원은 어떻게 나온 것일까? "환웅은 대웅의 하늘을 칭한다[桓雄稱大雄天]"[95]는 기록으로 보아 대웅은 환웅桓雄을 일컫는 말에서 유래한 것으로 판단된다. 환웅은 불교가 한반도에 전래되어 토착화되기 시작할 무렵에 한민족의 생활문화 속에 깊이 있었기 때문에, 불교가 대중화되는 과정에서 민족 전통의 삼신사상이 불교에 자기화[己和] 됐을 것이고, 그 징표가 바로 대웅전이 머금고 있는 것이라 볼 수 있다. 그러니까 대웅전은 바로 환웅전인 셈이다. 그래서

---

94 안경전, 『단군세기檀君世紀』, 256쪽

95 안경전 역주, 『환단고기』, 302쪽 : 『태백일사太白逸史』「삼신오제본기三神五帝本紀」

"불교가 들어오면서 한민족 고유문화인 신교의 전통적인 성전인 '환웅전'이라는 이름에서 환桓 자를 대大자로 고쳐서 대웅전大雄殿이라 하고, 석가모니 부처를 모셨다."[96]는 설이 아주 유력한 주장이 된다.

그렇다면 불교가 들어오기 전에 이 땅에는 환인, 환웅, 단군 삼위성조를 모셔놓은 신전神殿 혹은 신당神堂이 있었다는 점을 미루어 짐작할 수 있을 것이다. 민간에서는 가장 큰 나무를 택해 신수神樹로 봉하고 이를 웅상雄常이라하였데, 이는 배달국을 개창한 한민족의 직계조상인 초대 환웅천황을 받들어 모시고, 제사를 지낸 풍속에서 유래한 것이다. 이 전각이 바로 환웅전이다.

환웅전은 대인전, 대웅전, 삼성전으로 불리기도 했고, 삼신전이라 칭하기도 했다. 『단기고사檀奇古史』에 의하면, '부루단제夫婁檀帝가 삼신전三神殿을 세우고 환인, 환웅, 단군의 삼신을 봉안하여 백성들로 하여금 경배하도록 했다.'는 기록은 삼신전이 상고 시대 때부터 전래된 한민족 고유 신앙의 잔영인 것으로 짐작된다. 삼신전은 삼신하느님과 그의 통치정신(조화, 교화, 치화의 정신)에 따라 창세기 문명을 열었던 환인, 동북 한반도에 문명화의 길을 개척했던 환웅, 동북아 지역의 대제국으로 거듭나 역사시대를 이끌었던 단군을 모시고 의식을 집행하

---

96 안경전, 『단군세기檀君世紀』, 256-257쪽

던 곳이다. 이와 같이 국조삼신을 봉안하여 모셨던 삼신전은 후에 삼성전이나 삼성사로 바뀌어 갔다.

삼성전은 동방 한민족의 국조삼신, 즉 환인 천제, 환웅천황, 단군왕검을 모시는 사당이었다. 처음에는 만주 상춘의 구월산에서 삼위성조를 기리는 제사를 지내다가 고려 때 다시 삼성사를 지어 이를 계승했다는 것이다. 황해도 구월산 삼성사에는 "인웅검삼신의 위패가 봉안되어 있었다."[97]는 기록이 이를 입증하고 있다.

●**황해도 구월산의 삼성전**⋯이 건물 안에 환인, 환웅, 단군왕검의 초상화가 모셔져 있다

97 조자용, 『삼신민고』, 169쪽 참조

3. 삼신의 조화를 상징하는 삼태극 문양

우리나라 국기의 공식 명칭은 태극기太極旗이다. 태극기의 연원은 근대 조선 왕조가 쇠락하고 대한제국이 형성되면서 시작되고 있음은 널리 알려진 사실이다. 사상적인 틀에서 볼 때, 태극 문양은 음양 동정에 의한 창조변화의 섭리를 드러내고 있다. 즉 하늘을 상징하는 붉은 색과 땅을 상징하는 파란 색은 서로 교차하면서 천지만물의 창조변화가 일어나고 있음을 상징적으로 나타내고 있다. 이와 같은 태극문양은 현재 우리나라는 물론 중국이나 일본 등지에서 여러 방면으로 활용되고 있는 실정이다.

태극문양의 원형을 더듬어 근원으로 올라가 보면, 유물 유적에 3태극의 문양이 새겨져 있음을 보게 된다. 3태극 문양은 삼극三極의 원리나 삼도三道 사상에 연원한다. 삼극의 원리는 삼신의 창조변화의 정신이 이법화된 존재론의 진리이다. 무극, 태극, 황극의 원리가 그것이다. 삼도 사상은 삼신의 정신이 이법화된 현상론의 진리이다. 삼신이 자화하여 구체적인 모습으로 드러낸 하늘의 도[天道], 땅의 도[地道], 인

●삼태극 부채

간의 도[人道]가 그것이다. 이와 같이 삼극의 원리나 삼도의 무궁한 조화 세계를 상징적으로 나타내는 주요 문화적 양태가 3태극으로 그려진 문양이고, 이것이 동이민족의 생활문화에 그대로 등장하게 된다.[98]

동방 한민족의 전통에서는 3태극 문양이 여러 방면에서 활용되어 왔다. 왜 3태극 문양인가? 그것은 만유생명의 창조변화가 3수 법칙에 근거를 두고 있고, 이는 곧 무궁무진한 조화의 세계를 창출하며, 가장 안정된 기반이 된다고 믿어왔기 때문일 것이다.

특히 인간의 감각 지각을 통해서 가장 쉽고 즉각적으로 확인할 수 있는 것은 색상을 통해서이다. 어떤 의미에서 보면 3태극 문양은 조물주 삼신하느님이 창조하는 우주만물의 전체를 색상을 가지고 상징적으로 드러내기 위한 것으로 추정해 볼 수 있다. 즉 삼신의 무한한 창조변화의 정신은 삼색三色으로 나타나고, 삼색은 바로 우주만물의 모든 색상을 창출해낼 수 있는 바탕이 된다고 믿어왔던 것이다.[99] 삼색은 청색, 적색, 황색인데, 청색은 무극으로 하늘의 창조성을 상징하며, 적색은 태극으로 땅의 변화성을 나타내며, 황색은 황극으로 인간의 주재성을 묘사한다.[100]

---

98 우실하, 『전통문화의 구성 원리』, 281쪽 참조.

99 조자용, 『삼신민고』, 472쪽 참조.

100 현대 과학의 관점에서 말하자면, 음양 태극 사상에 바탕을 둔 청색과 백

하늘, 땅, 인간을 상징하는 색상으로 그려진 3태극무늬는 실로 다양한 민속 공예품에 장식되어 등장한다. 삼복 무더위에 시원한 바람을 일으켜 더위를 식혀주는, 삼극의 오묘한 진리를 담은 태극선太極扇을 꼽을 수 있다. 소리를 통해 삼신의 흥취와 조화가 나온다는 의미에서 국가적인 행사나 농악놀이에 쓰이는 대고大鼓와 소고小鼓, 장고와 같은 악기에도 여지없이 3태극을 상징하는 무늬가 등장한다. 양가집 여인들이 자수를 위한 실을 담아놓는 색실함이나 반지그릇에도 있는데, 이는 삼신의 변화무쌍한 재주가 나오기를 기원하는 의미가 담겨 있다.

●사당의 삼문

임금이 사는 왕궁과 백성들이 사는 기와집, 성현들을 모시는 향교의 대문이나 사찰로 들어가는 돌계단에도 3태극 문양이 그려져 있고, 종각이나

색, 혹은 청색과 적색 등의 이원색二原色만으로는 모든 색상을 창출해낼 수 없다. 하지만 삼신의 창조변화의 근원적인 빛을 분석하면 청색, 녹색, 황색의 삼원색을 배합함으로써 모든 색상을 만들어낼 수 있고, 모든 것을 상징적으로 드러낼 수 있다는 것이다.

비각 또는 각종 능陵의 홍살문을 비롯하여 일상 생활용품 할 것 없이 동방 한민족의 문화양식들에는 3태극 문양이 심심찮게 자주 발견된다.

4. 인간의 생명을 주관하는 민속의 삼신

옛날부터 아이를 갖기를 간절히 원하는 사람은 두 손바닥에 불이 날 정도로 삼신할머니에게 빌었다는 이야기가 있다. 삼신할머니는 인간의 생명을 주관하는 삼신의 세속화된 언어일 것이다. 그래서 신교문화의 맥을 면면히 계승하여 온 우리 민족은 오래 전부터 "아이를 낳고자 할 때는 삼신에게 빌고, 곡식이 잘 익기를 기원할 때는 업신에게 빌었다."[101]고 기록되어 있다.

또 어떤 이들은 '삼신이 자손 줄을 태워주었기 때문에 아기가 탄생한다.'고 말하거나, '삼신의 도움으로 태어나 건강하게 성장하고 있다'고 말한다. 전자의 경우에서 삼신은 아기를 배게 해주는 포태신胞胎神이고, 후자의 경우에서 삼신은 아기를 낳게 해주는 출산신出産神이며, 낳은 아기를 안전하고 건강한 성인으로 성장할 수 있도록 하는 생육신生育神을 가리킨다. 삼신은 아기의 수태, 생산, 발육을 주관하는 신, 즉 생아生

---

101 안경전 역주,『환단고기』, 306쪽 :『태백일사太白逸史』「삼신오제본기 三神五帝本紀」

◉계룡산 갑사의 홰나무에 쳐져 있는 삼신줄

兒를 점지하여 낳고 길러 여물게 하는 생명의 신이다.[102] 포태신, 출산신, 생육신인 삼신은 개별적인 셋이 아니라 하나의 생명의 신이다. 이는 아기의 생명을 점지해 주는 조화의 신, 아기를 탄생하여 길러주는 교화의 신, 아이를 순조롭게 낳아서 완성된 인간으로서 키워주는 치화의 신이 민속으로 세속화된 것일 수 있다.

자손의 출산에 직접 관련된 삼신신앙의 표본은 삼신 줄이라는 민속에서도 볼 수 있다. 삼신 줄이란, 민간에서 어머니들이 큰 나무나 바위 앞에 치성을 드렸는데, 그 장소에 금줄로 돌렸던, 세 줄로 꼰 새끼줄을 뜻한다. 삼신 줄은 산모의 출산 날이 가까워지면 방구석 기둥에 밧줄을 매는데 사용하기도 했다. 산모가 출산 때 그것을 움켜쥐고 힘을 주게 하는 것이다. 순산과 산모의 생명을 지켜주는 명命줄이 삼신 줄인 셈이다. 이러한 삼신 줄은 "셋이 하나를 이루는 신의 형상을 나타내는, 셋이면서 하나이고, 하나이면서 셋인 삼신의 정체에 대한 민간의 인식을 보여주는 한 가지 표현"[103]으로 해석된다.

---

102 조자용, 『삼신민고』, 64쪽 참조 : 이러한 믿음은 민간 신앙에서 세 명의 여신이 그려진 무신도에 잘 나타나 있는데, 이는 삼신을 상징하는 종교적인 양식이라 볼 수 있다. 돌칼을 쥐고 있는 신은 살을 주는 신으로 아기의 잉태를 상징하고, 용의 뿔을 쥐고 있는 신은 뼈를 주는 신으로 아기의 출산을 상징하며, 술병을 쥐고 있는 신은 피를 주는 신으로 발육을 상징한다. 이것을 살살이, 뼈살이, 숨살이의 삼신관을 보여주고 있다.(조자용, 『삼신민고』, 64-66쪽)

103 박영일, 「무교의 생명사상」,『생명과 더불어 철학하기』, 163쪽

조선시대를 살았던 어머니들은 아이를 낳기 위해 삼신에게 기도하고, 또한 아이를 출산한 후에는 미역국을 차려놓고 삼신에게 감사를 드렸다. 그 상을 삼신상, 밥을 삼신 밥, 미역국을 삼신 국이라 불렀다. 조선의 어머니들은 집집마다 다양한 방식으로 삼신을 신앙했다. 쌀을 가득 넣은 삼신단지나 삼신바가지, 삼신주머니, 삼신자루, 삼신 끈 등이 그것이다.

5. 삼신상제의 사자使者를 상징하는 삼족오三足烏

●천지인 사상을 반영하는
홍산문화의 채색 삼족기三足器

동북아 역사의 시원문명을 꽃피웠던 홍산문화의 유적지 우하량에서는 채색된 상태의 삼족기三足器 문양의 유물이 출토되었다. 이것들도 삼신의 창조변화의 정신이 문화양식으로 전화된 것이라 볼 수 있다. 삼족기는 특히 배달시대에 삼신사상에 뿌리를 두고 문화양식으로 나타난 역사정신의 유물이고, 이를 계승한 고구려에 이르러서는 삼족오三足烏 문양이 역사문화의 중심 축을 이루게 된다.

삼족오는 삼신상제에 대한 숭배 사상을 담고 있다. 삼신사상은 밝음으로 세상을 다스리는 동방 한민족의 광명이세光明理世 정신을 나타낸 동방 한민족의 통치정신이고, 삼신의 이념이 집단적인 무의식 속에 각인되어 동북아 동이족의 문화양식으로 전화되어 나타난 것은 삼족오의 문양 내지는 유물들을 꼽을 수 있다.

환인천제, 환웅천황, 단군왕검의 국조삼신은 하늘에 있는 천지만물의 주재자 삼신상제를 경배하였고, 역사와 문명의 무대에서 삼신의 정신을 계승하여 나라를 건국하고 겨레를 성숙하게 했다. 이때부터 삼신상제는 하늘의 상징인 '태양의 빛'을 뜻하고, 그 빛이 대리자 혹은 삼신상제의 사자로서 태양 새인 삼족오가 자리매김 될 수 있었던 것이다.

삼족오는 태양 속에 그려진 세발 달린 까마귀의 모습이다. 이 모습은 광명 속에 살면서 삼신의 세계와 인간세계를 이어주는 신성한 새[神鳥]를 형상화한 것이다.[104] 그 의미를 분석해 보자면, 삼족오는 몸통이 하나[一神]이지만 발은 세 개[三神] 달린 새로서 하늘과 땅, 인간세계를 마음대로 날아다닐 수 있음을 뜻한다. 그래서 삼족오는 신과 인간의 세계를 서로 연결해주는 '삼신의 심부름꾼 내지는 대리자'를 상징한 것이다. 이것은 곧 삼신상제의 직계 자손임을 알리는, 천자문화의 비밀이 들어있는 문양이라 볼 수 있다.

---

[104] 엘리아데는 샤먼의 기원에 대한 시베리아 지역의 신화들을 분석하면서 "샤먼의 기원과 관련된 신화의 대부분은 신들 혹은 신들의 대리자로서의 독수리 그리고 태양의 새를 등장시키고 있다"(멜시아 엘리아데, 『샤머니즘』, 82쪽)는 점을 지적하고 있다.(우실하 지음, 『전통문화의 구성원리』, 137쪽)

삼족오는 고대 중국의 요서지역 문화와 중원의 채도문화가 만나면서 유물로 등장하기도 하는데, 이미 기원전 4000년경의 앙소仰韶문화 유적지에서 발굴된 토기에서부터 여러 가지의 유물들이 대량으로 발굴되기도 하였다.[105]

삼신의 대리자, 혹은 태양조로서의 삼족오는 중원의 상商·주周·춘추 전국 시대를 거치면서 근근이 이어지다가 한漢나라에 이르러 음양 오행론과 결합되면서 남방 화火를 상징하는 주작朱雀으로 변형되거나 봉조鳳鳥 혹은 봉황鳳凰으로 변형 발전된다. 그 이후 삼족오의 문양은 고구려에서 화려한 모습으로 부활하게 된 것이다.

●**고구려 오회분 4호묘의 삼족오**···삼국시대 6세기 중반, 집안 지역 고분

105 김선주, 『인류 문명의 뿌리 동이東夷』, 77쪽 참조

중국 길림성 집안현集安縣에 있는 고구려의 각저총角抵塚이
나 무용총舞踊塚의 벽화에는 하늘의 태양을 상징하는 일원一圓
이 그려져 있고, 그 속에 세발달린 새가 그려져 있다. 분명 삼
신상제의 대리자인 삼족오의 모습이다. 이렇게 삼신하느님을
숭배하는 곳곳에는 삼족오 문양이 새겨져 있다. 특히 고구려
는 타국과의 전쟁에 임할 때에는 천자가 삼신하느님의 후예
임을 알리는 삼족오 깃발을 내걸기도 하였다. 또한 평양의 진
파리 7호 고분에서 출토된 "해뚫음무늬금동장식품[日光透調金
銅裝飾品]이 보여주듯이, 천자의 장식품은 태양 안에 세발 달린
새를 그려 넣거나 절묘하게 조각해 넣기도 하였다.

삼족오의 형상은 삼신상제의 적자임을 직간접적으로 표출
한 문화양식이다. 그것은 삼신상제의 신물을 상징하기 때문
이다. 그러므로 삼족오의 문양으로
부활한 고구려의 유물 유적은
곧 동북아 지역의 강대한 천
자국이었음을 대표적으로
드러낸 사례일 것이다.

삼족오 문양의 문화양식
은 백제로 넘어오게 되며, 지
난 1971년에 처음 발굴된 무령왕릉
武寧王陵의 유물들 가운데 "환

●해뚫음무늬금동작식품 삼족오

두대도"에서 그 흔적을 찾아볼 수 있다. 이후 삼족오의 문양은 한반도 도래인을 통해서 일본으로 넘어가 성왕盛旺을 이루게 됐다. 일본의 쿠마노 본궁대사 입구에 걸려 있는 삼족오 깃발이 그 실례이다. 특히 주목할 만한 것은 지난 1989년 아키히토천황이 등극 의식을 치루면서 입었던 왕의 예복이다. 예복의 소매에는 왕을 상징하는 용의 형상과 어깨에는 고구려의 고분벽화에서 확인할 수 있었던 태양의 상징인 삼족오의 문양과 달을 상징하는 두꺼비 형상이 돋보인다.[106] 왕실 예복의 이러한 문양은 일본 고대의 왕실에서 전통으로 전해져 내려온

●일본 쿠마노 본궁대사 입구의 삼족오

106 김철수, 『일본고대사와 한민족』, 132-135쪽 참조

것인 바, 태양을 상징하는 삼족오의 신물을 통해 삼신상제의
적자임을 나타내 보이고 그 권위를 백성들에게 알리기 위해서
였을 것으로 짐작된다.

●**일본 천황 즉위식 때 예복**…삼족오와 북두칠성이 보인다.

나오는 말

자연세계를 구성하는 모든 생명은 탄생하여 성장하고, 성장의 정점에 이르면 다음의 세대를 위해 결실을 맺고 사라진다. 이러한 순환의 주기는 모든 것에 적용되는 자연의 법칙이다.

봄철이 되면 초목군생이 싹이 터서 파릇파릇한 새싹을 내고 뭇 생명들이 탄생하여 존재하듯이 말이다. 이것을 춘생春生의 섭리라고 하는 것이다. 여름철이 되면 탄생한 것들은 성장 분열의 과정을 거친다. 뿌리에서 수액이 올라가 초목이 자라나고 여러 갈래로 가지를 뻗어 잎들이 하늘을 덮을 만큼 무성하게 장성한다. 이것을 하장夏長의 섭리라고 하는 것이다. 그리고 가을철이 되면 분열 성장의 정점에 도달한 것은 모든 진액津液을 수렴 통일하여 성숙한 결실을 맺는다. 초목이 꽃을 피워 새 생명의 창조를 위한 열매를 맺어 결실하는 것이다. 이것이 추렴秋斂의 섭리이다. 겨울철이 되면 모든 것을 폐장閉藏고 다음의 탄생을 준비한다. 겨울에 풀과 나뭇잎이 다 죽어 앙상한 가지만을 남기듯이 말이다. 이것이 동장冬藏의 섭리이다.

증산상제는 "내가 천지를 주재하여 다스리되 생장염장生

長斂藏 이치를 쓰나니 이것을 일러 무위이화無爲以化라 하느니라."(『도전』 4:58)고 하여 주재의 이치와 창조변화의 영원한 진리를 인류에게 전했다. 자연세계에서 생장염장으로 순환하는 창조변화의 이법을 벗어나는 것은 아무 것도 없다. 하루를 보내는 우리의 일과도 생장염장의 순환이법에 따라 오전에 일을 시작하면, 정오부터는 정신없이 바쁘게 활동하고, 오후 늦게는 하루의 일과를 마무리하여 매듭을 짓고, 밤중에는 휴식으로 들어간다. 지구 1년의 경우도 봄철에 뭇 생명이 탄생하면 여름철에 무성하게 분열 성장하며, 가을철이 접어들면 수렴 통일하여 결실을 맺고 겨울이 되면 다음의 탄생을 준비한다. 나아가 거시적인 시간 마디로 진행되는 우주 1년의 경우도 생장염장으로 순환하는 창조변화의 이법을 결코 벗어날 수 없다.

인류의 문명사는 어떠할까? 우주년의 봄철이 되면 탄생하여 여름철에 무성하게 성장 분열의 단계를 거친다. 그리고 가을철이 되면 모든 분명의 진액을 뽑아 수렴 통일하여 결실을 맺고, 겨울에는 모든 문명을 폐장하고 다음의 탄생을 위한 준비로 들어간다. 인류의 문명사 또한 생장염장으로 순환하는 우주 1년의 창조이법을 결코 벗어날 수 없다는 것이다. 오늘을 살고 있는 지구촌 인류의 문명은 어떻게 시작되어 전개되었는가를 생장염장의 이법에 따라 설명해 보자.

생장염장의 법도에 따라 우주 1년의 새로운 춘생春生이 시작된다. 즉 조물주 삼신의 창조변화의 정신에 따라 하늘과 땅이 새로운 질서로 개벽되고 현생인류가 지상에 출현한 것이다. 즉 태고시절에 인간의 의식이 진화하면서 초기의 문명이 등장하기 시작한 것이다. 이 때는 의식이 열린 인류가 처음으로 문화를 일구어 나가기 시작하던 무렵이기 때문에 창세기 문화라 불린다. 창세기 문화는 천지 일월의 조화로 태어난 인간이 자연의 뭇 생명들과 함께 어우러져 살면서 문화를 일구기 시작했으므로 원형문화의 시대라 할 수 있다. 또한 이 시기는 인류가 신을 경배하고 숭상하면서 그의 가르침을 직접 받아 내려 문화를 이룩하던 시기였기 때문에 신교문화, 황금문화의 시대라 불린다. 창세기 문화, 황금문화, 원형문화, 신교문화 등은 인류가 처음으로 문화의 씨를 뿌려 가꾸어 나가던 시기이므로 한마디로 말해서 뿌리문화의 시대라 할 수 있다.

다음은 하장夏長의 시기에 접어들자 인류는 제2 단계의 성장의 문명을 일구기 시작했다. 인류는 역사문화의 시대로 진입하였던 것이다. 부르크하르트Jacob Burckhardt(1818~1897)가 역사란 "자연과의 의식의 단절로부터 시작한다."고 정의했듯이, 역사문화의 시대가 열리면서 인간은 대자연의 생명들과 신성으로부터 떨어져 나와 독자적으로 문화를 개척해 나간다. 이는 뿌리문화, 즉 창세기의 원형문화, 신교문화가 세계

각 지역으로 뻗어 나가 각기 다른 문화를 일구어나가던 성장 분열의 시기를 말한다. 인간의 정신은 신성한 대자연과 줄기찬 대립을 통해서 과학문명을 발전시켜 가기도 했고, 신교의 맥을 이어서 유교, 불교, 기독교, 힌두교 등 각 종교문화를 일으키기도 했다. 그러다 보니 과학으로부터 나온 자연관, 철학으로부터 나온 우주관과 존재론, 종교로부터 나온 신관은 각기 다르게 뻗어 나가 분열 성장하게 된 것이다. 한마디로 말해서 문명의 뿌리가 되는 창세기의 원형문화, 신교문화의 정수精髓가 각 줄기로 뻗어나가 다양한 가지를 세우면서 울창하게 성장하는 줄기문화의 시대가 열렸던 것이다.

우주 1년에서 볼 때, 지금은 천지가 추렴秋斂의 시기에 진입한 것이다. 이제 인류는 제3의 결실문화를 창출할 때다. 제3의 문화는 분열성장한 줄기문화의 진액을 응집하여 성숙시킴으로써 결실을 거두는 가을철의 열매문화이다. 천지일월이 봄철에 초목군생의 새 생명을 내고, 여름철에는 왕성하게 분열 성장시키고, 가을철에는 봄여름에 데어나 성장한 모든 생명의 진액을 뽑아 모아 통일하여 열매를 맺도록 하듯이 말이다.

제3의 열매문화는 과학, 철학, 신학이 통합하여 전일한 진리체계를 구축하고, 각기 분열 성장한 줄기문화가 하나로 통일함으로써 열린다. 즉 창조론(과학)과 주재관(신학), 존재론(철학)과 우주관(과학)을 통합하여 하나의 진리로 통일되는 시기라는 것이다.

가을철에 제3의 열매문화는 어떻게 열릴 수 있는가? 그것은 원시반본原始返本의 진리에 근거한다. 원시반본이란 '근원 원', '처음 시', '돌아올 반', '뿌리 본'자로 '처음의 근원을 찾아 뿌리로 돌아감'을 뜻한다. 과학, 철학, 종교의 근원적인 뿌리, 분열하여 다양하게 전개된 문화의 근원적인 뿌리를 중심축으로 하여 전일한 진리체계를 구축하고, 지구촌 통일문화를 창출하는 것이다. 그 뿌리는 어디에 있는가? 그것은 다름이 아닌 진리의 원형이요 문화의 원형이 되었던 신교에 있다. 신교의 원 주인은 삼신상제이다. 삼신상제는 하늘, 땅, 인간세계의 참 주인으로서 만유의 생명을 조화로써 주재하는 인격적인 통치자이다. 그러므로 삼신상제의 가르침을 통해 전일한 진리체계를 세우고, 그를 통해 통일문화를 열어야 한다는 논리가 추론되는 것이다.

하늘, 땅, 인간의 참 주인으로 인류의 참 하느님이신 삼신상제도 생장염장으로 순환하는 자연의 질서의 틀에 맞추어 역사役事하므로 그 호칭을 달리할 수 있다. 마치 봄의 하늘을 창천蒼天, 여름의 하늘을 호천昊天, 가을의 하늘을 민천旻天, 겨울의 하늘을 상천上天이라 부르듯이 말이다. 삼신상제의 정신, 즉 조화의 정신으로 역사하는 삼신상제를 조화주 하느님, 교화의 정신으로 역사하는 삼신상제를 교화주 하느님, 치화의 정신으로 역사하는 삼신상제를 치화주 하느님으로 호칭할 수 있다.

우주 1년에서 춘생의 시기에 삼신상제는 하늘의 옥경玉京에 있으면서 조화의 정신에 따라 지상에 창조의 씨를 뿌려 인간과 자연을 내고, 삼신의 정신과 하나가 된 성인에게 신교로 진리를 내려주어 그에 따라 자연과 더불어 평화롭게 살도록 했다. 그래서 춘생의 시기에 역사한 삼신상제를 조화주 하느님이라 호칭할 수 있는 것이다. 조화주 하느님은 천지 생명을 낳은 근원의 아버지[父]라 할 수 있다. 인류의 의식이 진화하면서 맞이했던 뿌리문화, 즉 창세기 신교문화, 황금문화의 시기가 그 예이다.

하장夏長의 시기에 접어들자 삼신상제는 교화의 정신에 따라 지상에 깨어 있는 신명들을 보내어 인간으로 하여금 문명을 분열 발전시키도록 독려했다. 수많은 과학자, 철학자들에 의해 탐구되어 나온 진리의 업적들이 그것을 반증하고 있고, "공자, 석가, 예수는 내가 쓰기 위해 내려 보냈느니라."(『도전』2:40)고 하였듯이, 인류가 다양한 종교文문화로 발전시킨 것이 그 실례이다. 그래서 하장의 시기에 역사한 삼신상제를 교화주 하느님이라 호칭할 수 있는 것이다. 인류의 의식의 진화와 함께 자연과의 단절이 시작되면서 급속하게 문명화의 기로 접어들었던 줄기문화의 시대가 그 예일 것이다.

그런데 줄기문화의 시기에는 분열 성장을 주도하는 상극相

克의 질서가 주류를 이루면서 인간간의 갈등과 대립, 인간과 자연간의 대립과 투쟁, 민족과 문명간의 투쟁과 전쟁으로 말미암아 지상에는 원한 맺힌 신명들이 수없이 양산되고, 급기야 천지에는 신명들의 원억寃抑으로 가득하게 됐다. 이러한 문제를 누가 어떻게 해결할 수 있는 것일까? 이는 삼계 대권능을 가진 삼신상제를 제외하고서는 그 어느 누구도 해결할 수 없는 일이다. 그래서 천지의 원 주인인 삼신상제는 직접 인간 세상으로 내려오게 됐다. 삼신상제도 시공時空의 변화 질서의 틀에 맞추어 현신現身하여 역사하게 된 것이다.

인간으로 현신한 증산상제는 교화주의 자격으로 9년 천지공사를 통해 인류에게 대도의 새 진리를 전해주었다. 증산상제는 "이제 하늘도 뜯어고치고 땅도 뜯어고쳐 물샐 틈 없이 도수를 굳게 짜놓았으니 제 한도限度에 돌아 닿는 대로 새 기틀이 열리리라."(『도전』 4:416)고 선언하였듯이, 인간으로 오시어 가을개벽의 대도가 전개되어갈 후천 세상의 진리 프로그램을 치밀하게 짜 놓았고, 그 대도의 진리가 시운에 맞게 실현될 수 있도록 종통宗統의 맥을 통해 전해주었다. 그러므로 증산상제는 교화주 하느님으로 인류에게 생명살림의 진리와 그 방도를 가르쳐준 진정한 스승[師]이 되는 것이다.

우주 1년의 주기에서 볼 때, 지구촌 인류는 이제 추렴秋斂의 시기를 맞이하고 있다. 인류가 결실을 위한 가을 대개벽기에 직면한 것이다. 가을 대개벽기, "이 때는 천지성공시대라"(『도전』 4:19)고 하였듯이, 인류는 제3의 열매문화, 즉 새로운 전일한 진리체계를 구축해야 하고, 누구나 다 성공할 수 있는 지구촌 통일문화를 열어야 한다. 과학, 철학, 종교의 진리 정수를 모두 모아 체계적으로 구축하는 일과 통일문화는 삼신상제가 인간으로 현신하여 직접 말씀으로 내려준 『증산도 도전』에서 찾으면 된다. 여기에 세계일가 통일정부를 구성하는 핵심이 들어있기 때문이다.

우주의 가을이 오고 있다. 지금은 선천 봄여름의 생장분열에서 후천 가을의 수렴통일의 시기로 전환하는 하추교역기夏秋交易期이다. 이 때를 우주의 시간과 공간의 질서가 근본적으로 바뀌는 후천 가을개벽기라 부른다. 가을 대개벽기에는 인간과 신명이 삼신상제의 대도로써 구원받아 새 생명으로 거듭나 살게 되는데, 삼신상제가 이들을 조화롭게 주재하여 통치하기 때문에 치화주 하느님, 즉 인존상제로 호칭할 수 있는 것이다.

후천 개벽기에는 삼신상제를 왜 인존상제로 부르게 되는가? 그것은 "형어천지形於天地하여 생인生人하나니 만물지중萬物之中에 유인唯人이 최귀야最貴也니라."(『도전』 2:23:2)고 하였듯이, 인간이 천지만물의 열매로서 가장 존귀하기 때문이다. 후천 개벽기에 가을의 열매가 된 인간은 삼신상제의 진리로써 도성

덕립道成德立이 된다. 도성덕립이 된 후천 문화는 치화주 하느님인 인존상제가 직접 다스리는 세상이다. 다시 말해서 천상으로 환궁한 인존상제는 천상에서 치화신의 자격으로 인간과 신명은 물론이고 천지만물을 성령으로써 주재하여 조화롭게 다스리게 된다.

참고 문헌

경전류

『道典』

『周易』

『正易』

『性理大典』

『道德經』

『書經』

『詩經』

『大學』

『Bible』

『東經大全』

『老子』

『莊子』

단행본

안운산,『춘생추살春生秋殺』, 서울 : 대원출판사, 2007

안운산,『증산도의 존재 이유』, 서울 : 대원출판, 2006

안경전,『개벽 실제상황』, 서울 : 대원출판, 2005

안경전,『천지성공』, 서울 : 대원출판사, 2009

안경전,『천지성공』, 서울 : 대원출판, 2008

강성렬,『고대 근동세계와 이스라엘 종교』, 서울 : 한들출판사, 2002

김석진,『천부경』, 서울 : 동방의 빛, 2010

김선주,『인류문명의 뿌리 東夷』, 대전 : 상생출판사, 2009

김교헌 지음, 이민수 옮김,『신단실기神檀實記』「고금기古今記」, 서울 : 한뿌리, 1994

김철수,『일본 고대사와 한민족』, 대전 : 상생출판사, 2009

문계석,『철학의 근본문제』, 대전 : 도서출판 이화, 1996

문계석,『서양의 중세철학』, 대전 : 도서출판 이화, 1998

박정근,『중국적 사유의 원형』, 살림지식총서 065, 서울 : 살림지식출판
사, 2005

심백강,『황하에서 한라까지』, 서울 : 참 좋은 세상, 2007

우실하,『동북공정 너머 요하문명론』, 서울 : 소나무, 2007

우실하,『전통문화의 구성원리』, 서울 : 소나무학술총서 17

이강식,『韓國古代組織思想史』

이종성,『삼위일체론』, 서울 : 장로회신학대학교출판부, 2005

장영란,『그리스 신화』, 서울 : 살림, 2005

조자용,『삼신민고』, 서울 : 도서출판 가나아트, 1995

한동석,『우주변화의 원리』서울 : 대원출판, 2001.

Richard Mckeon,『*The Metaphysic of Aristotle*』: Random house, 1941

Johannes Hirschberger, 강성위 옮김,『서양철학사』하, 대구 : 이문출
판사, 1987

스피노자Spinoza,『윤리학*Ethica*』

역서譯書

안경전安耕田 역주譯註,『삼성기三聖紀』, 대전 : 상생출판, 2010

안경전安耕田 역주譯註,『단군세기檀君世紀』, 대전 : 상생출판, 2010

안경전安耕田 역주譯註,『환단고기』, 대전 : 상생출판, 2011.

Klaus Held, 이강서 옮김,『지중해 철학기행』, 서울 : 효성출판, 2007

Michael Talbot, 이균형 옮김,『홀로그램 우주*Holographic Universe*』,서
울 : 정신세계사, 2001

A.N. Whitehead, 오영환 옮김,『과정과 실재*Process and Reality*』, 서울
: 민음사, 1997

마이클 콜린스 · 매튜 A. 프라이스, 김승철 옮김,『기독교 역사』, 서울 :
시공사, 2001

J. Barnes, 문계석 옮김,『아리스토텔레스의 철학』, 서울 : 서광사, 1997

스와미 하르쉬아난다, 김석진 옮김,『인도의 여신과 남신』, 서울 : 남명
　문화사, 1987

웨인 그루뎀 지음, 이중용 옮김,『꼭 알아야할 기독교 핵심 진리』, 서울
　: 개혁과 부흥사, 2009

Richard Dawkins, 이한음 옮김,『만들어진 신』, 서울 : 감영사, 2009

세르게이 토카레프, 한국종교연구회 옮김,『세계의 종교』, 서울: 사상사,
　1991

위르겐 몰트만, 이신건 옮김,『삼위일체와 하나님의 역사』, 서울 : 대한
　기독교 교회, 1998

고동영高東永 역, 북애北崖 지음,『규원사화揆園史話』, 서울 : 한뿌리,
　1979

논문류

금장태,「유교의 천天 · 상제관上帝觀」,『신관의 토착화』, 서울 : 한국사
　목연구소, 1995

문계석,「무극 · 태극 · 황극의 존재론적 근거」,『甑山道思想』, 서울 : 대
　원출판사, 2000

박영일,「무교의 생명사상」,『생명과 더불어 철학하기』서울 : 철학과 현
　실사, 2000

何 新 저, 洪熹 역,『神의 起源』, 서울 : 동문선, 1990.

하야시 미나오 저, 박봉주 역,『중국 고대의 신들』, 서울 : 영림카디널,
　2004.

월간지

『Newton』(2010, 10월호), 서울 : 뉴톤코리아 편집

『개벽』(2003. 10월호) , 대전 : 세종기획

찾아보기

천하대세를 알아야 성공한다!

당신은 12만9천6백년의 우주년에서
가장 큰일을 할 수 있는 바로 그 시점에 살고 있다

天地의 道
春生秋殺

안운산 지음 | 양장 | 전면 칼라
376쪽 | 말씀 오디오 CD 포함

안운산 말씀
오디오 테이프 10개 세트

상생의 새 문명을 여는 천지대도 말씀

온 인류에게 후천 5만년 조화선경의 꿈을 열어주는

한민족의 문화원전 도전

서구에 신약이 있고
인도에 베다와 불경이 있고
중국에 사서오경이 있다면
이제 온 인류에게는 『道典』 문화가 있습니다

초기 기록으로부터 100년 만에 드디어 완간본 출간!

하늘땅이 함께하는 진정한 성공의 비밀을 알고 싶습니까?
세계를 지도하는 한민족의 영광을 만나고 싶습니까?
마침내, 가을개벽을 맞이하는
세계 역사 전개의 청사진을 보고 싶습니까?
상생의 새 진리 원전 말씀, 『도전』을 읽어 보세요
이 한권의 책 속에 세계일가 시대를 여는
놀라운 상생 문화의 비전이 담겨 있습니다.

『도전』에는 후천가을의 새 문화 곧 정치·종교·역사·과학·여성·어린이
문화 등 미래 신문명의 총체적인 내용이 모두 함축되어 있습니다. 서양 문
명의 중심이 신약 한권에서 비롯되었듯이, 후천 5만년 상생의 새 역사는
이 『도전』 한 권으로 열립니다.

『도전』 읽기 범국민 운동 이제 당신도 참여할 수 있습니다

전국 주요 서점, 케이블TV STB상생방송,
www.jsd.or.kr (증산도 공식 홈페이지)에서
『도전』을 만나보세요

甑山道
道典

증산도 도전편찬위원회 편찬 | 최고급 양장 | 대원출판

인류 통일문명의 놀라운 비전과 대변혁 이야기

이제 인간 삶의 목적과 깨달음,
새롭게 태어나는 내일의 참모습을
속 시원하게 밝혀주는 멋진 새이야기가 시작된다

개벽실제상황

안경전 지음
크라운판 | 전면 칼라
560쪽

이 책에는 길을 찾아 방황하는 오늘의 우리 이야기에서 시작하여 신천지가 열리는 원리(1부), 뿌리 뽑힌 한민족혼과 한민족사의 진실(2부), 동서 문화의 뿌리인 신교神敎의 맥과 인간으로 오신 상제님이 여시는 새 역사의 길(3부), 대개벽의 실제상황과 개벽의 의미(4부), 그리고 구원의 새 소식과 개벽 후에 지상에서 맞이하는 아름다운 세상 이야기(5부)가 담겨 있다. '언제쯤 진정한 개벽 소식, 구원 소식을 들을 수 있을까?'라고 새 소식에 목말라 했다면, 이제 당신은 샘물을 찾은 것이다.